湖南省畜牧产业发展报告

2022

湖南农业大学商学院畜牧产业服务团队　编著

中国财经出版传媒集团
中国财政经济出版社
北京

图书在版编目(CIP)数据

湖南省畜牧产业发展报告. 2022 / 湖南农业大学商学院畜牧产业服务团队编著. --北京：中国财政经济出版社，2024.3

ISBN 978-7-5223-2739-6

Ⅰ.①湖… Ⅱ.①湖… Ⅲ.①畜牧业–产业发展–研究报告–湖南–2022 Ⅳ.①F326.376.4

中国国家版本馆CIP数据核字(2024)第027890号

责任编辑：郁东敏　　责任校对：徐艳丽
责任印制：党　辉　　封面设计：中通世奥

湖南省畜牧产业发展报告：2022
HUNANSHENG XUMU CHANYE FAZHAN BAOGAO：2022

中国财政经济出版社 出版

URL：http：//www.cfeph.cn
E-mail：cfeph @cfemg.cn

社址：北京市海淀区阜成路甲28号　邮政编码：100142
营销中心电话：010-88191522
天猫网店：中国财政经济出版社旗舰店
网址：https：//zgczjjcbs.tmall.com
中煤(北京)印务有限公司印刷　各地新华书店经销
成品尺寸：170mm×240mm　16开　12.25印张　133 000字
2024年3月第1版　2024年3月北京第1次印刷
定价：62.00元
ISBN 978-7-5223-2739-6
(图书出现印装问题，本社负责调换，电话：010-88190548)
本社图书质量投诉电话：010-88190744
打击盗版举报热线：010-88191661　QQ：2242791300

前言

PREFACE

畜牧业是关系国计民生的重要产业，肉蛋奶是百姓“菜篮子”的重要品种。“强国必先强农，强农需重畜牧。”畜牧业的稳定健康发展对促进农业产业结构优化升级、增加农民收入、助推乡村产业振兴、改善居民膳食结构、确保国内食品供应稳定与安全、提高国民体质和实现共同富裕具有重要意义。中共中央和国务院历来重视畜牧业的发展。2020年国务院办公厅印发《关于促进畜牧业高质量发展的意见》对畜牧业的高质量发展做出全面布局，提出“猪肉自给率保持在95%左右，牛羊肉自给率保持在85%左右，奶源自给率保持在70%以上，禽肉和禽蛋实现基本自给”的发展目标；2021年农业农村部在《“十四五”推进农业农村现代化规划》中提出到2025年全国畜牧业现代化建设取得重大进展,奶牛、生猪、家禽养殖率先基本实现现代化。

湖南省是农业大省，而畜牧业是湖南省农业农村经济的第一大产业，历来受到省委省政府重视。2021年湖南省人民政府在《关于促进畜牧业高质量发展的实施意见》中提出“到2025年，全省畜牧业全产业链发展格局基本形成，生猪全产业链新增产值1 000亿元，特色畜禽全产业链产值达到1 000亿元”的发展目标。为实现这一目标，湖南省通过严格落实生猪稳产保供省负总责和“菜篮子”市长负责、成立岳麓山种业创新中心、加快向标准化规模养殖转型升级、培育畜牧产业化龙头企业、打造特色畜牧业品牌等一系列政策措施实施畜牧业强省战略，在畜牧业高质量发展道路上大步迈进。2022年湖南省生猪出栏6 248万头，占全国生猪出栏量的9%，全国排名第5位、中部排名第1位；全省畜禽粪污综合利用率83%、规模场粪污处理设施装备配套率99.6%。

本报告围绕湖南省畜牧业2022年度取得的成绩、面临的机遇与挑战以及存在的问题进行了全面总结和深入分析，并在此基础上给出相应的建议与对策，希望助力湖南省畜牧业高质量发展。本报告分为三个部分——总论、分论和专论。总论部分包括第一章、第二章，分别叙述了湖南省畜牧业发展现状、问题以及相应的优势和机遇；分论部分包括第三章、第四章、第五章，对生猪产业、牛羊产业以及家禽产业进行了深入分析；最后，专论部分包括第六章、第七章，对湖南省畜禽种业发展进行了深入分析与讨论。具体内容安排如下：

第一章主要叙述了湖南省畜牧业发展现状。该章从产值、生产形势、发展形势、疫病防控、产业融合等角度阐述了湖南省畜牧业发展特点，并从畜牧业区域结构、畜种结构、畜群结构等角度对湖南省畜牧业结构进行了深入分析。

第二章主要论述湖南省畜牧业发展面临的机遇与挑战。首先，从发展方式、发展程度、环保政策、原饲料等角度阐述了湖南省畜牧业发展过程中可能存在的痛点、难点、堵点。其次，从区位、气候、劳动力、科技、市场等角度叙述湖南省畜牧业的发展优势。最后，给出了关于湖南省畜牧业高质量发展的一些发展方针和政策建议。

第三章主要对湖南省生猪产业进行了全面报告和深度分析。首先，从年度生产、价格变动角度报告了湖南省生猪产业总体形势。其次，深度分析了湖南省生猪产业拥有的优势与面临的挑战。最后，给出关于进一步提高湖南省生猪产业高质量发展的一些思考与建议。

第四章主要对湖南省牛羊产业进行了全面报告和深度分析。首先报告了湖南省牛羊产业的发展环境、发展现状，然后对湖南省牛羊肉产业的供需关系、产业收益进行了深入分析，其次研究了湖南省牛羊肉产业发展面临的瓶颈与潜在问题，最后给出加快湖南省牛羊肉产业发展的政策建议。

第五章主要对湖南省家禽产业进行了全面报告和深度分析。首先，报告了蛋鸡产业现有生产形势并对行业未来发展进行了深度展望。其次，报告了肉鸡产业现有生产形势并对行业未来发展进行了深度展望。最后，全面解析了家禽政策并深度分析了政策的可能影响。

第六章对湖南省畜禽种业发展形势进行了全面报告和深度分析。主要从种业发展基本情况、遗传资源保护与利用、遗传改良进展、种畜禽场及供种情况、畜禽品种管理、现代种业治理能力等角度全方位报告了湖南省畜禽种业发展现状。

第七章对湖南省畜禽种业发展存在的问题和未来展望进行深度分析。主要从育种基础、育种新技术、育种场疫病净化、养殖废弃物资源化利用率、财税政策等方面深入分析了湖南省畜禽种业发展面临的问题与挑战，最后就湖南省畜禽种业进一步高质量增速发展提出了一系列政策建议。

本报告是湖南农业大学商学院畜牧产业研究和社会服务团队在湖南省省畜牧水产事务中心、湖南省畜牧兽医学会支持下深入畜牧产业一线调研、获取大量一手资料基础上完成的，是以数据为支撑对湖南省畜牧业发展的全面描述和深度思考。本报告写作过程中得到了国内外同行专家的许多帮助，也受到教育部人文社会科学研究《畜禽养殖废弃物循环利用路径优化研究：基于资源价值流会计视角》项目（项目编号：21YJC790144）、湖南省畜禽种业统计监测项目的支持，在此表示衷心的感谢。同时感谢李磊，周叶，王亚蕾，付沅，张湘琦，常凌，林冰锦等研究生的积极参与和有力支持。虽然团队竭尽所能力求本报告的全面性和准确性，但由于水平有限难免出现遗漏、欠妥甚至错误之处，还请同行专家批评指正。

编者

2023年10月1日

目录

CONTENTS

专论

畜禽种业发展

总　论

畜牧产业总体发展情况分析

第一章
畜牧产业发展现状与问题

湖南省位于中国中部，幅员辽阔，占地面积21.18万平方公里。全省共辖14个地级市（州）和122个县（市、区）。全省总人口约有6 700万人，其中城镇人口占比59.71%，乡村人口占比40.29%。湖南省作为一个农业大省，2022年全省农林牧渔业总产值达8 160.1亿元，其中农业总产值为3 973.2亿元，畜牧业总产值为2 466.9亿元，全省畜牧业产值分别占农林牧渔总产值和农业总产值的30.23%、62.09%。2022年全年生猪出栏6 248.2万头，牛出栏183.1万头，羊出栏1 101.4万只，全年猪、牛、羊、禽肉类总产量577.3万吨，其中，猪肉产量457.9万吨，牛肉产量21.6万吨，羊肉产量18.2万吨，畜牧业已成为湖南省农村经济发展的支柱产业。近年来，国家及湖南省也先后出台了一系列支持畜牧产业发展的政策，如《关于促进畜牧业高质量发展意见》《“十四五”推进农业农村现代化规划》等，这些政策都为畜牧业发展注入了强大的活力。因此，大力发展畜牧业有助于农业和农村经济发展、增加农民收入、保持社会稳定，并且在优化产业结构、合理配置农业资源、大量安置农村富余劳动力及发展现代农业都有着举足轻重的作用。

第一节　畜牧产业发展特点

一、畜牧业产值稳步提升

近年来，随着湖南省畜牧业的不断发展和政策支持的不断加大，畜牧业产值稳步提升，成为湖南省农村经济发展的重要支撑和增长引擎。从1978年到2008年，畜牧业产值从12.55亿元增加到1 426.18亿元，增加了112.64倍，年均增长4.68倍；而从2009年到2018年增速有所放缓，畜牧业产值从1 058.66亿元上升到1 464.59亿元，增长了2.69%，年均增速只有0.27个百分点；但从2019年到2021年，畜牧业产值持续提升（见表1-1）。按可比价计算，畜牧业产值在农林牧渔业中的比重呈现同样的波动变化特征，从快速上升到逐步下降再到稳步发展，1978年畜牧业产值占比为15.42%，2008年达到峰值44.51%。可能受非洲猪瘟的影响，2018年畜牧业产值占比有所下滑，但通过实施生猪良种补贴政策等措施的调整，畜牧业已逐步恢复。2022年全省农林牧渔总产值达到了8 160.1亿元，畜牧业产值为2 466.9亿元，占农林牧渔总产值的30.23%。显然，畜牧业在农业农村经济发展中的作用和地位已基本稳固，畜牧业经济也在湖南省经济发展中占据着重要的位置。

表 1-1 湖南省畜牧业产值情况表

年份	农林牧渔总产值（亿元）	畜牧业产值（亿元）	占比（%）	年份	农林牧渔总产值（亿元）	畜牧业产值（亿元）	占比（%）
1978	81.37	12.55	15.42	2011	4 111.04	1 336.67	32.51
2000	1 251.89	486.13	38.83	2012	4 390.34	1 377.85	31.38
2001	1 313.23	510.42	38.87	2013	4 432.69	1 340.83	30.25
2002	1 349.92	538.64	39.90	2014	4 577.08	1 356	29.63
2003	1 452.96	575.08	39.58	2015	4 682.31	1 408.13	30.07
2004	1 913.31	796.95	41.65	2016	5 057.52	1 549.59	30.64
2005	2 056.24	834.5	40.58	2017	5 213.48	1 505.78	28.88
2006	1 991.81	657.92	33.03	2018	5 361.62	1 464.59	27.32
2007	2 584	1 000.84	38.73	2019	6 405.06	2 003.09	31.27
2008	3 204.11	1 426.18	44.51	2020	7 511.96	2 721.63	36.23
2009	3 035.2	1 058.66	34.88	2021	7 662.36	2 542.51	33.18
2010	3 518.1	1 062.04	30.19	2022	8 160.1	2 466.9	30.23

资料来源：湖南省统计局

二、畜牧业生产形势稳步向好

从“十三五”时期到“十四五”时期，湖南省畜牧业生产以资源禀赋为基础，以市场需求为导向，以效益优先为前提，生产形势稳中向好（见表1-2）。从2016年到2022年，生猪存栏量从3 983.11万头增加到4 116.2万头，增加了3.34%，年均增长0.55%，虽然2019年受非洲猪瘟和新冠疫情的影响，生猪存栏量下降到2 698.3万头，但由于湖南省积极落实生猪稳产保供的各项措施，2020年生猪产能持续回升，2021年开始已趋于平稳；生猪出栏量从2016年的5 920.9万头增加到2022年的6 248.2万头，增长了5.53%，年均增加0.9%；从2016年到2022年，全省牛存栏量从374.13万头增加到441.8万头，增长了18.1%，年均增加2.18%；牛出栏量从143.4万头增加到183.1万头，增长了27.7%，年均增长4.16%。全省羊存栏量从2016年的648.06万头增加到2022年的801.4万头，增加了23.7%，年均增长3.6%；羊出栏量从725.5万头增加到1 101.4万头，增加了51.8%，年均增长7.2%。综合数据分析可以看出，自“十三五”以来，猪、牛、羊等主要牲畜存出栏量均有所增加，畜牧业发展形势稳定。与2021年相比，生猪出栏量、牛出栏量、羊出栏量均有所增加，从而也说明畜牧养殖业发展形势较好。

表 1–2　　2016—2022 年湖南省主要畜牧生产情况

（单位：万头 / 万只）

年份	生猪存栏量	生猪出栏量	牛存栏量	牛出栏量	羊存栏量	羊出栏量
2016	3 983.11	5 920.9	374.13	143.4	648.06	725.5
2017	3 968.1	6 116.3	379.37	147	661.71	901.8
2018	3 822	5 993.7	385.4	152.7	668.3	911
2019	2 698.3	4 812.9	410.4	162.5	712.2	971.5
2020	3 734.6	4 658.9	438.1	174.6	761.2	983.3
2021	4 202	6 121.8	435.1	180.7	775.1	1 064.1
2022	4 116.2	6 248.2	441.8	183.1	801.4	1 101.4

资料来源：湖南省统计局

三、畜牧产品产量大幅增长

从畜牧业产品供给来看，湖南省畜禽肉类产量连续多年稳居全国前四位（见表1–3）。同时，根据湖南省统计局数据，2022年湖南省畜禽肉类总产量为577.3万吨，较2016年增长了23.73%，较2021年增长了3.1%，其中猪肉产量为457.9万吨，牛肉产量为21.6万吨，羊肉产量为18.2万吨，禽肉产量为79.6万吨，较2016年分别上升了5.3%、27.66%、52.05%、32.84%，较2021年同比分别增加了3.3%、1.4%、4%、2.3%；禽蛋产量为117.5万吨，较2016年增长了12.26%，较2021年同比增加了2.3%；牛奶产量为7.2万吨，较2016年下降了28.78%，但较2021年同比增加了26.32%（见图1–1）。畜禽肉类、牛奶等畜牧产品已成为改善我国居民膳食结构、提升健康水平的重要保障。而湖南省畜产品的稳步增长，有力地保障了畜产品市场的供应，随着消费者需求的多样化、个性化，未来畜牧产业发展仍还有较大的增长空间。

表 1–3　　全国畜禽肉类产量排名前 7 的省区　　（单位：万吨）

省份＼年份	2016	2017	2018	2019	2020	2021	2022
湖南省	529.8	543.3	541.7	459.4	455	562	577.3
山东省	777.5	866	854.7	704	728	819.3	838.4
河南省	697	655.8	669.4	560.4	544.1	646.8	655.27
四川省	696.3	653.8	664.7	559.5	597.8	664	661.2
云南省	375.6	419.2	427.2	405.9	417.4	488.1	520.33
广东省	415.5	444.1	449.9	412.1	401	457.4	475.82
广西壮族自治区	411.2	420.2	426.8	380	380.4	441	445.98

资料来源：国家统计局和各省统计公报

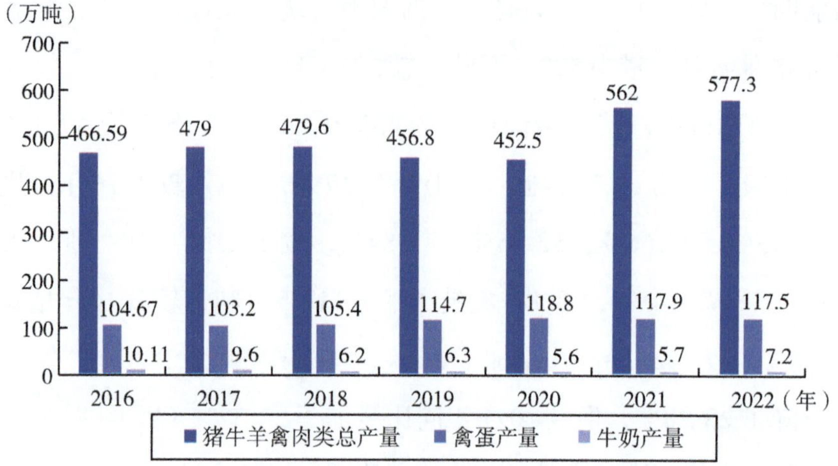

图1–1　2016—2022年湖南省畜牧业主要产品产量

资料来源：湖南省统计局

四、畜牧业产业化发展加快

近年来，湖南省各级政府不断加强畜牧业产业化发展，产业融合发展能力在进一步增强，品牌知名度也在不断提升。当前湖南省有规模养殖场3.2万个，畜禽优质地方品种21个，国家级畜牧产业化龙头企业24家，省级龙头企业144家，上市企业7家，国家级屠宰标准化示范场5个、省级生猪屠宰标准化示范场20个、生物安全防护示范场100个，国家级畜禽养殖标准化示范场233个、省级示范场757个，生猪调出大县65个，年出栏生猪100万头以上大县11个，年出栏生猪100万头以上大型养殖企业10家。此外，2022年引入核心畜禽场30家，其中生猪核心场13个、地方猪核心场4个、种公猪站3个、肉牛核心场2个、肉羊核心场2个、肉鸡核心场4个、肉鹅核心场1个、肉鸽核心场1个。为加大畜牧业养殖建设力度，自2016年全省养殖业工作会议召开以来，湖南总投资3.5亿元用于畜牧业开发项目的建设，以进一步地推动畜牧养殖业加快转型升级，促进畜牧业高质量发展。

五、畜牧业优势产区凸显

自2021年《湖南省人民政府办公厅关于促进畜牧业高质量发展的实施意见》印发以来，湖南省围绕以资源禀赋、产业基础为依托，继续优化畜牧养殖产业布局，提出发展以湘南地区为重点的外向型优质猪肉供应区、以长株潭地区为重点的地方优质猪养殖和肉类精深加工区、以洞庭湖区为重点的现代农牧循环示范区、以湘中湘西地区为重点的现代生态养殖示范区，重点发展湘中湘南特色黄鸡、湘北湘中优质肉鸡、湘北湘南优质蛋鸡、湘西雪峰乌骨鸡、环洞庭湖水禽、湘南临武鸭6个优势家禽产业带和湘西黄牛、湘中黑牛、湘南黄牛、湘北肉牛肉羊、湘东黑山羊5个优势牛羊产业区。湖南省已获得特色畜禽产品地理标志的有17个，其中特色猪种4个，特色牛种2个，特色羊种2个，特色鸡种4个，特色鸭种2个，特色鹅种3个。目前，符合湖南省实际的地方优质生猪养殖示范区、家禽产业带以及特色畜禽养殖产区已基本形成，畜牧业规模化、生态化、高质量发展势头良好。

六、重大动物疫病防控能力显著提升

湖南省始终深入贯彻落实习近平总书记“疫情要防住、经济要稳住、发展要安全”的重要指示精神，积极开展动物疫病防控工作，确保口蹄疫、高致病性禽流感的常年免疫密度保持在90%以上，免疫抗体合格率70%以上，做到“乡不漏村，村不漏户，户不漏畜，应免尽免”，牢牢守住不发生区域性重大动物疫情的底线。近年来，湖南省不断加强基层动物防疫体系建设，积极落实兽医实验室、疫情监测站、乡镇检疫站等项目，实行动物检疫电子出证并与全国数据平台互联互通，做到防疫数据实时记录、存栏数据实时抓取、养殖场户实时定位、各类数据实时汇总，进一步健全了养殖、防疫、产地检疫、屠宰和销售全过程可追溯信息化监管模式。

七、畜牧业融合发展助力产业升级

湖南省注重推动畜牧产业与其他产业的融合发展，促进了农村产业升级和乡村振兴战略的实施。通过农村产业融合，带动上下游产业（如上游的饲料生产、疫苗、禽苗种等，中游的畜禽养殖行业，下游的屠宰加工、产品加工、乳品加工、蛋品加工、冷链运输和批发销售等）的联动发展，形成了全行业产业链条，提高了资源的综合利用效率和农民的收入水平。2022年我国畜牧业产值达2 466.9亿元，占农业总产值的62.09%。在畜禽行业区域分布上，湖南省拥有较多且有影响力的品牌企业，如正虹科技、唐人神、新五丰、湘佳股份等。乡村振兴战略的推进为畜牧业的发展提供了新的机遇，也加速了农村经济的转型升级。

第二节　畜牧产业结构

畜牧业结构的合理调整和优化是实现畜牧业高质量发展的关键。根据湖南省统计局数据，2022年湖南省畜牧业总产值为2 466.9亿元，较2021年同比下降了3%，但较2016年同比增长了59%，其中湘南产区、洞庭湖产区、湘中产区、湘西产区、长株潭产区的畜牧业产值分别占畜牧业总产值的30.07%、26.84%、15.16%、10.93%、17%。全年猪、牛、羊、禽肉类总产量达577.3万吨，较2021年同比增长了3.1%，并且以猪肉占主导地位。在市场机制和政府政策的作用下，畜牧产业根据地区区位不同以及资源禀赋差异，畜牧产品种类、生产规模已向适合其发展的优势产区集中。

一、畜牧产业区域结构

（一）生猪产业区域结构分布

2022年，湖南省生猪出栏量为6 248.2万头，生猪存栏量为4 116.2万头。其中，生猪出栏量在500万头以上的城市有永州市、衡阳市、郴州市和常德市，占全省总出栏量的43.55%；生猪出栏量在300万头以上500万头以下的城市有8个，分别为邵阳市、岳阳市、娄底市、益阳市、怀化市、长沙市、株洲市和湘潭市，占省总出栏量的52.53%，生猪出栏量在300万头以下的城市（州）是湘西自治州和张家界市，其生猪出栏量仅占全省总出栏量的3.93%（见图1–2）；生猪存栏量在500万头以上的城市只有永州市，占全省总存栏量的13.38%；生猪存栏量在300万头以上500万头以上的城市有8个，分别是衡阳市、郴州市、怀化市、长沙市、常德市、株洲市、邵阳市和岳阳市，占全省总存栏量的70.98%；生猪存栏量在300万头以下的城市或州有5个，分别是娄底市、湘潭市、湘西自治州、张家界市和益阳市，占全省总存栏量的15.64%（见图1–3）。近年来，虽然猪瘟等疾病的暴发对该行业造成了较大冲击，但通过科技创新、加强疫病防控、扩大养殖规模等方式，还是有望提高生产效率及重振生猪养殖业的发展势头。

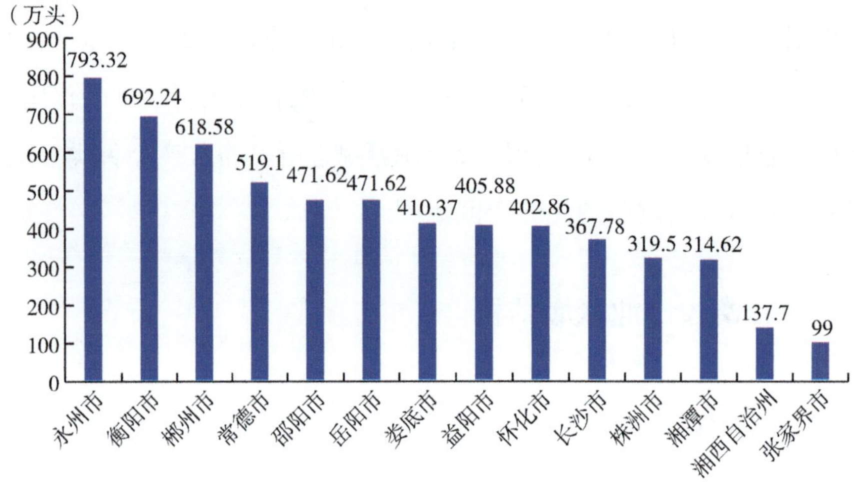

图1-2　2022年湖南省各市（州）生猪出栏量

资料来源：湖南省统计局

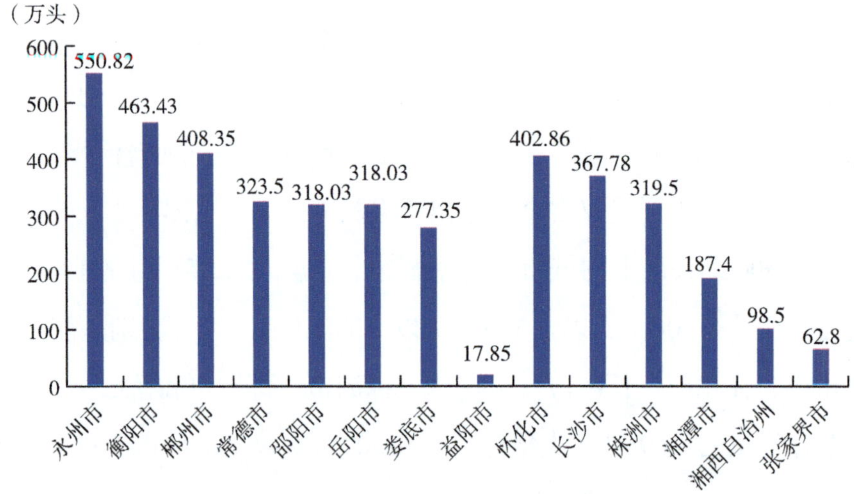

图1-3　2022年湖南省各市（州）生猪存栏量

资料来源：湖南省统计局

（二）肉羊产业区域结构分布

相对于生猪养殖业，湖南省肉羊养殖业相对较弱，但具有巨大的发展潜力。根据农业农村部数据，2022年湖南省肉羊存栏801.4万只，较2021年同比增长3.4%；出栏量为1 101.4万只，较2021年同比增长了3.5%。分地区来看，肉羊产业主要分布在常德市、永州市、衡阳市和邵阳市，其出栏量分别占全省肉羊总出栏量的17.06%、10.98%、8.42%和7.87%，存栏量分别占全省肉羊总存栏量的16.54%、10.72%、7.96%、8.43%（见图1-4）。随着居民收入水平的提高和肉食消费结构的改变，羊肉市场需求将逐渐增大，肉羊产业具有良好的市场前景。

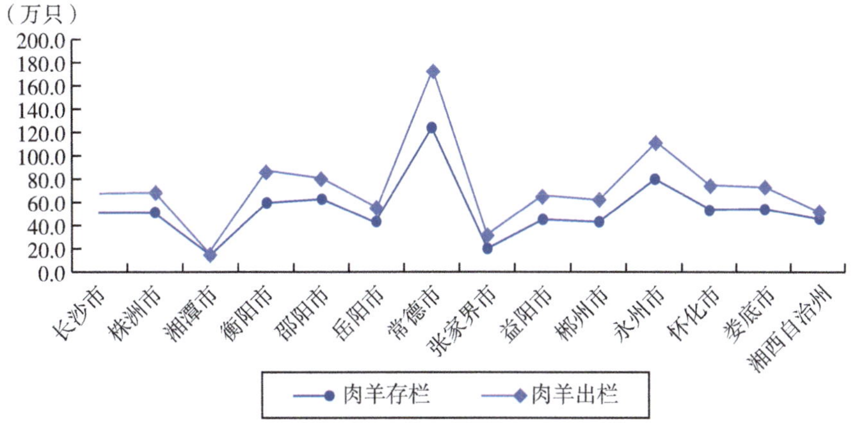

图1-4　2022年湖南省各市州肉羊存出栏量

资料来源：农业农村部官网

（三）肉牛产业区域结构分布

肉牛产业既是保障中国农业生产系统良性循环的重要环节，也是改善居民肉食消费的重要产业。在需求拉动和农业产业结构调整的大背景下，湖南省肉牛出栏量、存栏量、牛肉产量和牛奶产量均在增加。根据农业农村部数据显示，2022年湖南省牛存栏量为441.8万头，较2021年同比增长了1.5%，出栏量为183.1万头，较2021年同比增长了1.3%，牛奶产量为7.2万吨，较2021年同比增长了26.3%。分不同地区来看，肉牛产业主要分布在永州市、邵阳市、娄底市和常德市，其出栏量分别占全省肉牛总出栏量的19.98%、12.38%、10.85%、8.46%，存栏量分别占全省肉牛总存栏量的18.97%、12.28%、9.82%、8.56%（见图1-5）。2022年，全国居民人均牛肉消费量为2.5公斤，较上年增加了8.7%；其中城镇和农村居民消费的牛肉在肉类中所占的比重分别为9.3%和4.9%。居民牛奶消费人均需求量达14.4公斤，较上年同比增加了10.77%。

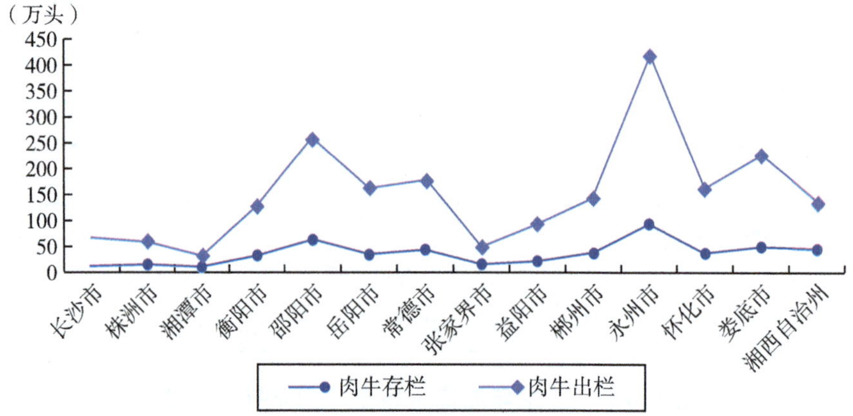

图1-5　2022年湖南省各市州肉牛存出栏量

资料来源：农业农村部官网

基于肉牛产业发展现状分析，湖南省肉牛养殖主产区主要集中在资源禀赋较为丰富的区域。近年来，国家也出台了不少政策来支持牛肉产业高质量发展，如2022年印发的《国家育种联合攻关总体方案》提出要支持肉牛优势种业企业自主攻关；2021年农业农村部印发的《关于加快农业全产业链培育发展的指导意见》，要求推动各地建设农业全产业链重点链31条、农业全产业链典型县63个，其中肉牛全产业链重点链2条，肉牛全产业链典型县3个。2022年印发的《关于扶持国家种业阵型企业发展的通知》，提出要构建国家种业企业阵型，推动与科研单位、金融机构、种业基地对接合作，促进企业做强做优做大。显然，肉牛产业的市场前景仍较为广阔。

（四）家禽产业区域结构分布

湖南省家禽养殖业数量较多，养殖对象主要包括鸡、鸭、鹅。由于家禽养殖周期短、投资小、回报快，因此在农民中广受欢迎。根据湖南省统计局数据，2022年全省家禽存笼36 332.4万羽，出笼55 213.2万羽，禽蛋产量117.5万吨。分地区来看，蛋鸡主要分布在常德市、衡阳市、永州市等地区，肉鸡主要分布在长沙市和衡阳市。家禽养殖业的发展虽然已较为成熟，但也面临一些挑战，如疫病的爆发和市场价格波动等，因此，还需要加强疫病防控和市场调控，提高养殖业的抗风险能力。

二、畜种结构

目前，湖南主要畜种有生猪、牛、羊、家禽类。2022年湖南省各种畜禽出栏量分别是：生猪6 248.2万头，牛183.1万头，羊1 101.4万只，家禽55 213.2万羽。参照刘玉杰（2009）等人的标准单位折算后，各畜种结构比例见表1-4。特别说明，本表中的牛以水牛为主，家禽以鸡为主，因此牛的换算标准按照水牛的单位折算（1头水牛=1.3个牛单位），家禽的换算标准按照鸡的单位折算（1只鸡=0.01个牛单位）。从表1-4可以看出，当前湖南省的畜种，生猪占比最大，达64.97%；羊占比最小，为7.64%。

表1-4　　2022年湖南省畜种结构比例

畜种	畜种结构		
	出栏数（万头、万只、万羽）	折合牛单位数（万头）	占总数（%）
猪	6 248.2	1 874.46	64.97
牛	183.1	238.03	8.25
羊	1 101.4	220.28	7.64
家禽	55 213.2	552.132	19.14

资料来源：湖南省统计局

三、畜群结构

畜群结构状况直接影响畜牧业的总体功能和总体效益。合理的畜群结构不仅有利于发挥当地的资源优势，还有利于促进畜牧业本身和与其相关的种植业、加工业的发展。2022年湖南省生猪存栏4 116万头，其中能繁母猪存栏369.6万头，占生猪8.98个百分点；羊存栏801.4万头，其中能繁母羊1.91万头，占母羊0.24个百分点；牛存栏441.8万头，其中能繁母牛存栏2.71万头，占母牛0.61个百分点（见表1-5）。由此可见，湖南省畜群结构主要以生猪为主。

表 1-5　　2022 年湖南省能繁母畜群结构比例

畜种	存栏量（万头）	能繁母畜存栏量（万头）	比例（%）
生猪	4 116.2	369.6	8.98
羊	801.4	1.91	0.24
牛	441.8	2.71	0.61

资料来源：湖南省统计局和畜牧业综合信息网

综上所述，湖南省畜牧产业在地理优势和科技创新的推动下，呈现出多样化、规模化、绿色化发展的特点，且以生猪占主导。然而，湖南省畜牧产业发展过程中也面临着家禽疫病、猪瘟等疾病威胁等挑战。因此，未来的发展应继续加大科技创新投入，推动畜牧业结构调整和产业升级，提高畜牧业的抗风险能力和市场竞争力，实现畜牧业的高质量发展。同时，政府和企业也应加强合作，鼓励农民参与，促进湖南省畜牧业的可持续发展。

第三节　畜牧产业发展存在的问题

一、畜牧业发展方式粗放，供需不平衡

第一，畜种结构不尽合理，当前湖南省仍以生猪产业为主，其他草食牲畜比重过小。2022年全省生猪出栏6 248.2万头，占全省主要畜种的64.97%，占全国生猪出栏量的8.9%；规模猪场2.4万个，占全省总规模场的75.6%。而肉羊规模养殖场只有1 508家，肉牛规模养殖场1 790家，牛羊规模养殖比例不足10%。同时，2022年湖南省肉羊出栏1 101.4万只，肉牛出栏183.1万头，牛羊出栏量在全省主要

畜种占比仅为15.89%，不足生猪出栏量的1/5。

第二，畜产品供给地域不平衡，湘南地区地理条件、资源禀赋相对充裕，畜牧业较为发达，而湘西地区则相对紧张。

二、种养两业规模化不匹配，制约畜牧业发展

第一，种植业规模化发展与畜牧业规模化发展不同步，并且隶属不同的主体，在现有的产权制度下形成集中连片土地，在一些区域还存在较大困难。随着人们对生活品质的追求提升，畜产品的需求量也在不断加大，畜禽规模养殖比重迅速提升，以生猪为例，湖南省生猪规模养殖比重已提高到67%，高出全国平均水平4个百分点。而根据湖南省统计局数据统计，湖南省人均耕地面积约为10.5亩，且经营规模总体仍以小农为主，并将在相当长一个时期保持这种状态。

第二，粪污资源化利用率低。按照《畜禽粪污土地承载力测算技术指南》中推荐的畜禽适宜承载力标准，5亩地只能承载出栏50头以下生猪产生的粪便养分。按照种植业规模经营户均100亩土地计算，也只能承载500头存栏猪场的粪肥全部就地利用。并且当前大部分养殖场都分布在离农田有点距离的偏远山区，从而加剧了种养分离，导致畜禽废弃物还田利用率较低。

第三，农牧有效结合迫切需要第三方服务平台。以畜禽粪便举例，无论是规模化养殖场还是中小农户，粪肥的施用主要还是靠经验，有机肥和化肥的配比失衡，且施用时间和施用量不科学，从而造成作物减产或氨化，进而导致农民使用有机肥的积极性不高。

三、环保政策趋紧，环保压力大

自2010年底《畜禽养殖业污染防治支持》及之后一系列畜禽环保政策陆续颁布，虽然推进了绿色种养循环发展模式，减少养殖污染排放，却使不少养殖散户加速退出。之后，2018年施行的《环境保护税法》，坚持“谁污染谁付费”原则，规定对存栏规模大于500头猪的养殖户征收环保税，4月制定了《兽用抗菌药使用减量化行动试点工作方案（2018—2021年）》，力争用3年时间实施养殖环节兽用抗菌药使用减量化行动试点工作，推广兽用抗菌药使用减量化模式，减少使用抗菌药类药物饲料添加剂，兽用抗菌药使用量实现“零增长”。2022年印发的《湖南省畜禽规模养殖污染防治规定》，严格划定区域畜禽养殖的禁养区、限养区和适养区，并明确禁养区域、禁养对象、禁养方式。这一系列的举措无形中都给养殖户增加了巨大的养殖压力。

四、饲料价格大幅上涨，养殖成本高

根据畜牧业综合信息平台数据，2022年玉米、豆粕等饲料原料价格均出现不同程度的上升。2022年1月至12月，豆粕均价从3.91元/公斤涨至5.11元/公斤，涨幅30.69%；玉米均价从3.02元/公斤涨至3.15元/公斤，涨幅4.3%（见图1-6）。豆粕、玉米等原料价格的持续攀升，也带动了大宗饲料原料价格创历史新高。2022年主要育肥猪配合饲料价格同比上涨12.64%，主要肉鸡配合饲料价格同比上涨12.26%，主要蛋鸡配合饲料价格同比上涨12.35%。受新冠疫情等因素的扰动，畜禽养殖成本在不断推高，从而压缩了养殖的利润空间。

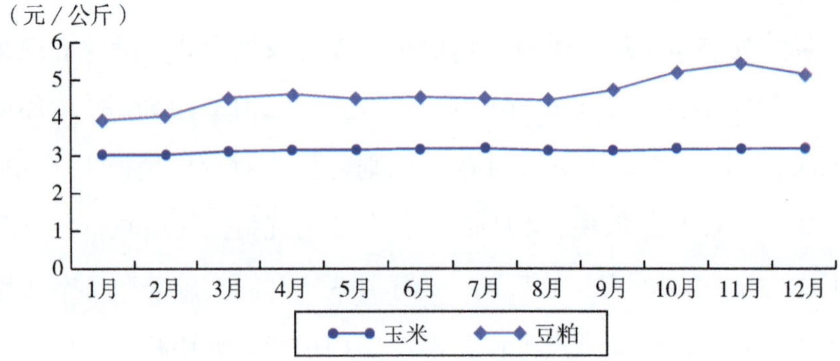

图1-6　2022年湖南省饲料原料价格走势

第二章
畜牧产业发展的优势、机遇和展望

第一节　畜牧产业发展的优势

湖南省畜牧业在地理位置、气候条件、资源丰富度、科技创新和市场需求潜力等方面具有独特的优势，并且通过科技创新、产业升级和绿色发展，湖南省畜牧业有望实现更加可持续、高质量的发展。

一、区位资源丰富

湖南省是一个农业大省，位于北纬24°38′~30°08′，东经108°47′~114°15′，全省总面积21.18万平方公里，占全国国土面积的2.2%，居全国各省区市第10位、中部第1位，其中土地总面积约为31 774.35万亩，由平原、盆地、丘陵地、山地、河湖构成，地跨长江、珠江两大水系，属于明显的大陆性中亚热带季风湿润气候，较适合畜牧业的发展。同时，湖南草地资源丰富，拥有天然草地116.69万公顷，其中，永州市、邵阳市、岳阳市、郴州市的草原资源面积分别为13.48万公顷、13.47万公顷、11.58万公顷、11.52万公顷，占湖南草原总面积的42.89%，为发展草地牧业提供了良好的客观条件。此外，湖南省拥有非常丰富的动植物种类和比较齐全的畜禽品种资源，也为湖南省畜牧业的全面发展提供了良好的生物基础。湖南省也是全国重要的粮食生产基地，2022年全年粮食产量3 018.0万吨，素有“鱼米之乡”和“湖广熟、天下足”之说，农副产品产量位居全国前列。显然，湖南省不仅具有某些省份没有的独特区位草地资源优势，还具有某些牧区省份所缺少的粮食资源优势，这些资源优势都为湖南省畜牧业的发展提供了条件。

二、气候条件适宜

湖南省气候多样，既有亚热带气候的南部，适合家禽养殖，如鸡、鸭、鹅等；又有温带气候的北部，适合猪、牛、羊等畜牧养殖，加上充足的降水量和适宜的气温，以及丰富的光、热、水资源，给畜牧业规模养殖提供了较好的农作物生产环境。这种多样性也使得湖南省畜牧业能够发展多元化，减少风险，从而能够提高产业的稳定性。

三、劳动力资源充裕

根据湖南省统计公报数据统计，2022年全省常住人口有6 604万人，其中城镇人口为3 983万人，乡村人口数为2 621万人，分别占全省总人口数的60.31%和39.69%。而乡村从业人员为1 361万人，占全省乡村人口的51.93%，占全国的2.73%，其中农业从业人员801万人，占全省乡村从业人口的58.85%，占全国的2.87%，充裕的劳动力资源为湖南省畜牧业发展提供了人力资本基础。此外，2022年全省研究生教育毕业生2.9万人，比上年增长了7.2%；普通高等教育毕业生44.9万人，比上年增长了14%；成人高等教育毕业生26.2万人，较上年增加了17.9%；中等职业教育毕业生22.7万人，较上年增加了10%；普通高中毕业生42.5万人，较上年增加了7.9%。为缓解这部分人的就业压力，也可通过多种方式对这些劳动力进行培育或专业技能培训，使其掌握畜牧养殖所需的专业技能，扩充畜牧业人才队伍。可见，这些富余的劳动力都为我省畜牧业高质量发展提供了人力保障。

四、科技创新推动

湖南省重视畜牧业的科技创新，不断加大研发投入，推广先进的养殖技术和管理模式。智能化养殖管理系统、疾病预防控制技术、饲料营养改进等科技手段的应用，有效地提高了养殖业的产出和效益，加速了产业升级的步伐。科技创新还为湖南省畜牧业绿色发展提供了坚实的基础。

五、市场需求旺盛

随着人民生活质量和消费水平的提高，人们对畜产品的消费需求大幅提升，尤其是对优质畜产品的需求激增。而湖南省目前已培育了宁乡花猪、大围子猪、沙子岭猪、临武鸭、东安鸡、新晃黄牛肉等一批优良畜产品，这些产品远销全国各地，深得市场和消费者青睐，国内美誉度、认可度在逐年提高，年度外销数量在持续增加。

第二节　畜牧产业发展的机遇

一、产业政策的支持

近年来，国家及省政府对畜禽养殖业投入了大量的精力，也出台了一系列扶持政策，为畜牧业健康可持续发展提供指导和支撑，如表2-1所示。国家及湖南省政府一直在关注着“三农”的发展，通过采用不同的政策措施，以期为畜牧业的发展走上新的台阶。

表 2-1　与畜牧业发展相关的政策

年份	出台	名称	大致内容
2004	农业农村部	关于推进畜禽现代化养殖方式的指导意见	推进由粗放型向集约型转变，实现我国畜牧业现代化
2015	国务院	中华人民共和国畜牧法	保障畜禽产品质量安全，保护和合理利用畜禽遗传资源，维护畜牧业生产经营者的合法权益，促进畜牧业持续健康发展
2016	湖南省政府	关于加快转型升级推进现代畜牧业发展的意见	加强畜牧业基础建设，加快建成以布局区域化、养殖规模化、生产标准化、经营产业化、服务社会化为基本特征的现代畜牧业生产体系
2019	农业农村部	关于促进家禽等养殖业发展增加肉蛋产品供应的通知	实施好牧区畜牧良种补贴项目，推广肉牛肉羊优良品种，提高母畜繁殖效率和肉牛肉羊出栏率
2019	农业农村部 财政部	关于做好种猪场和规模猪场流动资金贷款贴息工作的通知	鼓励和支持开展针对性政策性农业信贷担保服务；鼓励将猪舍等地上附着物、生猪等作为反担保措施
2020	农业农村部	关于促进畜牧业高质量发展的意见	增强畜牧业质量效益和竞争力

续表

年份	出台	名称	大致内容
2021	农业农村部	“十四五”全国畜牧兽医行业发展规划	实施肉牛肉羊生产发展五年行动，坚持稳定牧区、发展农区、开发南方草山草坡的发展思路，推进农牧结合、草畜配套
2022	湖南省政府	关于进一步加大金融支持力度促进生猪产业稳定发展的通知	进一步加大生猪产业信贷投放力度，促进湖南省生猪产业持续健康发展
2022	国务院	“十四五”推进农业农村现代化规划	实施基础母畜扩群提质和南方草食畜牧业增量提质行动

二、畜产品需求潜力大

根据联合国粮农组织测算，全国居民人均肉类摄入量为70公斤/年，在肉类消费结构中，猪肉是中国第一大肉类消费品，约占50%，其次是禽肉，牛羊肉占比相对较小，肉类是人类健康的必需品，含有丰富的蛋白质、脂肪和铁元素，长期不吃肉，可能会导致免疫力下降和内分泌系统失调。

根据国家统计局数据，全年居民人均肉类消费量为32.9公斤/人，其中，猪肉消费量为25.2公斤/人，牛肉消费量为2.5公斤/人，羊肉消费量为1.4公斤/人，禽类消费量为12.3公斤/人，蛋类消费量为13.2公斤/人，奶类消费量为14.4公斤/人（见图2-1）。近年来，随着我国经济的不断发展和居民收入水平的提高，人们对畜产品的需求也在持续攀升。从“十三五”到“十四五”时期，全国居民人均肉类消费量、禽类消费量、蛋类消费量、奶类消费量分别年均增长了4.74%、6.21%、6.36%、3.71%，预计到2030年，人均肉类消费量还有望进一步突破。随着经济的复苏和发展，人们对安全、健康、优质的畜产需求的不断上升，这为湖南省畜牧业提供了巨大的市场机遇。

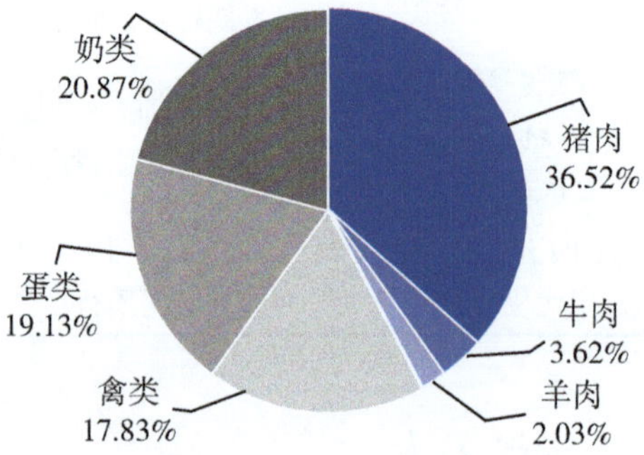

图2-1　全国居民人均主要肉蛋类食品消费量

三、畜牧业发展空间和优势明显

当前我国经济社会发展已进入快速转型升级期，农村基础设施建设、农业农村现代化和产业化发展空间巨大。湖南畜禽养殖基数大，自然资源丰富，优质畜产品品牌发展势头强劲，通过推广畜禽优良品种、先进饲养管理技术和高效经营方式，提高精深加工率、加快品牌化市场化运作等，畜产品综合生产能力和质量效益将有很大的提升空间。

第三节　畜牧产业展望

一、大力发展适度规模经营，发挥生产潜能

大力推进畜禽适度规模养殖。积极探索适合不同区域资源、环境

等条件，综合考虑农户的投入能力和经营水平等不同畜种的养殖方式，引导农民发展适度规模养殖，培育新形势下促进农民增收和畜禽养殖发展新的增长点。一是完善政策支持，进一步发挥财政资金引导作用，积极培育新型农业经营主体；二是充分发挥多种形式适度规模经营在科技成果应用、绿色发展、市场开拓等方面的引领功能；三是有效缓解环境压力，降低养殖成本，提高生产水平和畜产品质量安全，发挥生产潜能。

二、科学合理布局，提升畜牧业发展质量

促进畜牧业提质增效，提升畜牧业的竞争力和可持续发展能力。一是充分发挥市场在资源配置中的基础性作用，科学规划、引导，为产业发展创造良好环境；二是立足资源禀赋和产业基础，大力发展适合本地的畜牧产业；三是按照农牧结合、种养平衡、清洁养殖要求，统筹考虑区域环境承载能力，加大畜禽养殖污染防治。

三、培育畜牧业全产业链，继续强化品牌建设

集中整合全省地缘资源、交通设施等优势条件，推进畜牧产业向集约化发展，促进畜牧产区经济发展，逐步形成集种源发展、扩繁养殖、饲料种植、屠宰加工、产品开发、冷链运输于一体的全产业链，打造相关产业连接紧密、互为支撑、竞争力强的现代畜牧业发展板块，构建产前、产中、产后各领域、各环节相互促进，产加销相互衔接，贸工农一体化的高效现代畜牧业生产体系，促进畜牧业由生产型转向市场经营型转变。进一步强化地方品牌建设和龙头企业的引领作

用，创建以宁乡花猪、临武鸭、新晃黄牛肉等为代表的湖南地方畜产品品牌，提升畜产品知名度和影响力，稳步推进畜牧产业发展助力乡村振兴。

四、加强科技引领，壮大职业人才队伍

一是积极探索建立集畜牧业科技研发、成果转化、推广应用于一体的畜牧业科技推广体系，建设一批具有示范带动作用的畜牧业科技成果转化基地；二是加强科技创新能力建设，发展壮大高素质畜牧兽医人才队伍，积极推进畜牧兽医社会化服务；三是加强规模养殖大户与省内外科研院校合作，鼓励畜牧专业大学毕业生到我省规模养殖场就业，并对现有从事畜牧养殖人员、有意从事畜牧养殖的富余人员等进行专业培训。

分 论

主要畜种年度分析

第三章
生猪生产年度分析

第一节　2022年生猪生产形势分析

一、生猪生产形势分析

（一）生猪生产基础数据分析

2022年湖南省生猪生产稳中有进，生猪出栏量继续增加，基础产能持续恢复。全年生猪出栏量约为6 248.2万头（见表3-1），较上年增加2.1%，出栏量处于近5年历史高位，占全国总出栏量的8.93%，继续居全国第二。年末生猪存栏4 116.2万头，同比下降2%，居全国第三，其中，能繁母猪存栏369.6万头，增长0.4%。

表 3-1　　2022 年全国生猪产能排名前 5 的省区

排名	区域	出栏（万头）	增幅（%）	存栏（万头）	增幅（%）
	全国	69 995.0	4.3	45 256	0.7
1	四川	6 548.4	3.7	4 158.6	-2.3

续表

排名	区域	出栏（万头）	增幅（%）	存栏（万头）	增幅（%）
2	湖南	6 248.2	2.1	4 116.2	−2
3	河南	5 918.8	2.0	4 260.5	−3
4	云南	4 531.8	8.1	3 326.5	0.2
5	山东	4 528.4	2.9	3 005.4	−4.6

资料来源：相关省份统计局

2022年湖南省疫病流行与发生态势总体平稳，各类疫病对生猪生产的影响程度与2021年相当，因此湖南省生猪生产和产能保持稳定，未出现大幅波动（见表3–2）。

表 3–2　　2018—2022 年湖南省生猪生产情况表

年度	生猪存栏（万头）	增幅（%）	能繁母猪（万头）	增幅（%）	生猪出栏（万头）	增幅（%）
2018	3 822	−3.70	378.7	−4.37	5 993.7	−2
2019	2 698.3	−29.40	248	−34.50	4 812.9	−19.70
2020	3 734.6	38.40	351.6	41.70	4 658.9	−3.20
2021	4 202	12.50	368.1	4.70	6 121.8	31.40
2022	4 116.2	−2.00	369.6	0.40	6 248.2	2.10

资料来源：湖南省统计局

2022年各季度的生猪存栏数呈现逐月递增趋势，全年波动幅度较小。生猪出栏数变化趋势受猪肉价格波动的影响明显，全年振幅较大，一季度出栏量创近三年新高，达到1 894万头，第二、第三季度呈现大幅回落，出栏量分别为1 303.9万头、1 333.9万头，随着猪价的上涨，第四季度出栏量恢复到1 716.4万头（见图3–1）。

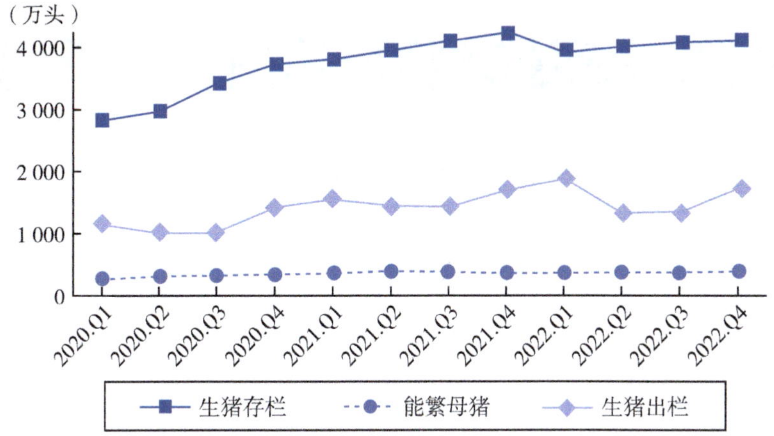

图3-1 2020—2022年生猪出栏、能繁母猪、生猪出栏变化趋势

2022年湖南省能繁母猪存栏量为369.6万头，同比上升0.4%，能繁母猪总量恢复至2018年非洲猪瘟发生前的97.5%，生猪产能基本恢复。其中，能繁母猪存栏数全年较为平稳，未出现大幅度的波动。

2022年生猪出栏500万头以上的市州有永州市、邵阳市、衡阳市、郴州市、常德市5个市州，共出栏生猪3 322.14万头，占全省53.17%。近几年来，永州市生猪出栏量均居全省第一，生猪生产优势明显。其他各市州生猪出栏均呈现小幅增长（见表3-3）。

表3-3 2022年湖南省各市州生猪生产情况表

排名	名称	出栏（万头）	增幅（%）	全省占比（%）
1	永州市	793.32	1.80	12.69
2	邵阳市	698.90	2.30	11.18
3	衡阳市	692.24	2.50	11.07
4	郴州市	618.58	2.60	9.89

续表

排名	名称	出栏（万头）	增幅（%）	全省占比（%）
5	常德市	519.10	2.30	8.30
6	岳阳市	471.62	2.10	7.54
7	娄底市	410.37	2.10	6.56
8	益阳市	405.88	1.90	6.49
9	怀化市	402.86	1.50	6.44
10	长沙市	367.78	1.60	5.88
11	株洲市	319.5	2.00	5.11
12	湘潭市	314.62	1.70	5.03
13	湘西自治州	137.7	1.60	2.20
14	张家界市	99.00	1.30	1.58

资料来源：湖南省统计局

（二）监测农户生产情况分析

全省300个监测村中，全年散养户数占总户数约为9.1%。散养户2022年各月变化趋势如图3-2所示，全年户数趋于稳定，变动幅度较小，12月较上年同期仅下降了2.74%。随着行业规模化和集约化水平的不断提升，生猪散养户会逐渐淡出，规模化养殖正逐步成为市场主流，生猪产业素质将不断提升。

全年散养户生猪存栏数各月变化趋势如图3-3所示，受猪肉价格影响，生猪存栏数呈稳步上升趋势，2022年12月较同年1月增长了4.23%。

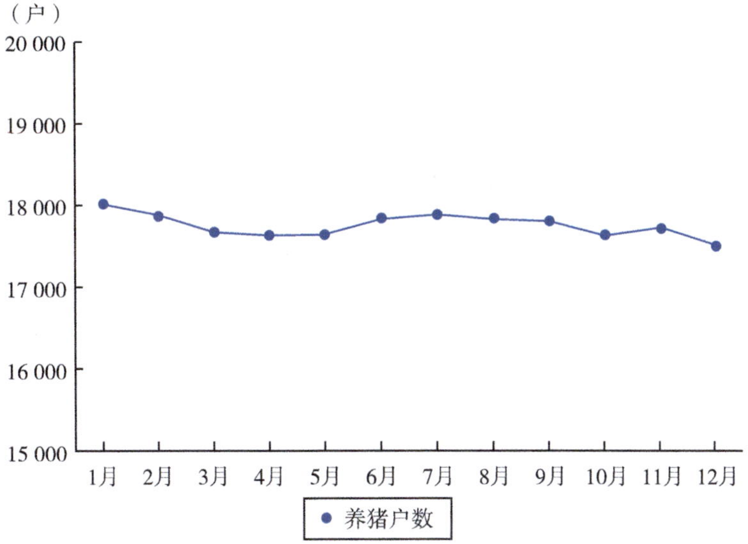

图 3–2　2022 年监测村散养户变化趋势

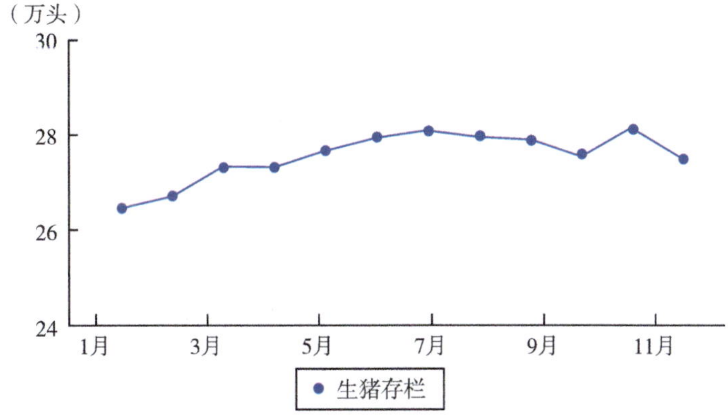

图 3–3　2022 年散养户生猪存栏数变化趋势

全年散养户生猪出栏数各月变化趋势如图 3–4 所示，2022 年 1 月至 3 月生猪出栏数下降幅度较为明显，3 月较 1 月下降将近 19%，4 月至 12 月则趋于平稳，变动幅度较小，说明生猪价格对散养户出栏意愿影响较大。

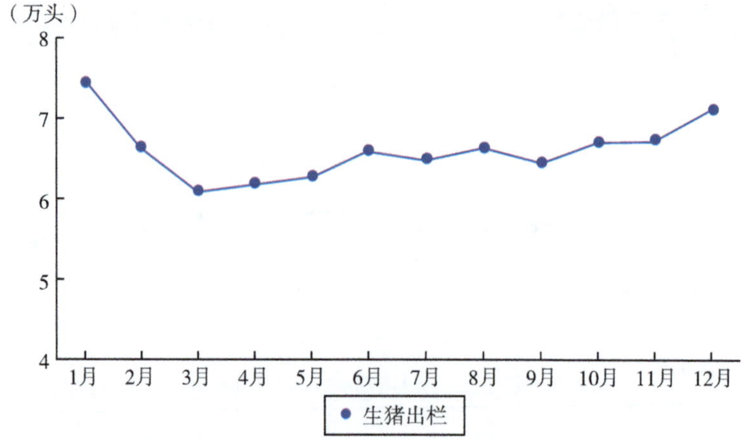

图3-4 2022年散养户生猪出栏数变化趋势

（三）不同区域间生猪生产形势比较分析

近年来，湖南省委、省政府高度重视生猪产业发展，积极构建以长株潭地区为重点的肉类精深加工基地、以洞庭湖区为重点的肉类外销基地、以湘南地区为重点的粤港澳大湾区肉品供应基地，努力打造全国肉类产业发展高地。结合各市州在地理位置、气候条件、政策措施、人口和消费需求等方面的差异，本研究将湖南省分为五大片区进行分析。这五大片区分别为湘东片区，包含长沙市、株洲市、湘潭市；湘中片区，包含娄底市、邵阳市、益阳市；湘北片区，包含岳阳市、常德市；湘西片区，包含怀化市、湘西州、张家界市；湘南片区，包含永州市、衡阳市、郴州市。基于以上划分，各区域的2022年出栏量占比情况如图3-5所示。

由图3-5可知，五大片区全年生猪出栏量排名依次为湘南、湘中、湘北、湘东和湘西，其中，湘南地区（永州、衡阳、郴州）全年出栏量占全省的34.16%，是我省主要的生猪生产片区。

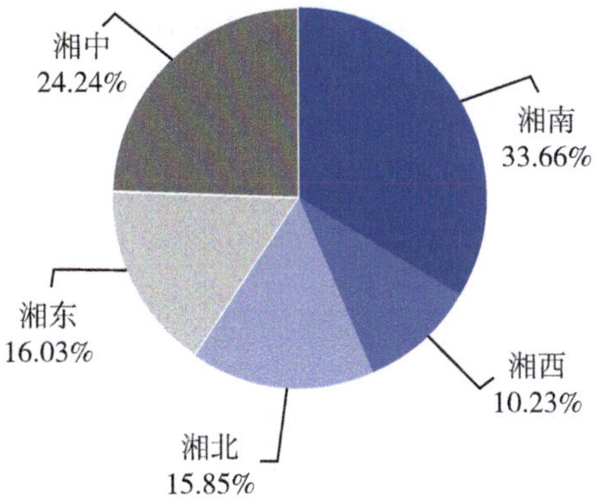

图3-5　五大片区规模猪场数量分布情况

从近三年各片区生猪出栏变化趋势来看，2022年增幅最大的地区为湘南片区（永州市、衡阳市、郴州市），全年出栏量较2021年增长2.29%（见表3-4）。

表3-4　2020—2022年湖南省各市州生猪出栏量比较

（单位：万头）

名称	2020年出栏	2021年出栏	2022年出栏
湘南地区	1 560.90	2 056.97	2 104.14
湘中地区	1 123.54	1 483.49	1 515.15
湘东地区	751.74	984.61	1 001.9
湘北地区	736.26	969.65	990.72
湘西地区	486.44	627.13	639.56

资料来源：湖南省统计局

1. 湘南片区

湘南片区包含衡阳市、永州市和郴州市，湘南片区的生猪产量占湖南省的近1/3，是湖南省最大的生猪产区。2022年生猪出栏量为

2 104.14万头，增幅为2.29%，占全省总出栏量的33.66%。2022年，湘南片区生猪出栏量增长速度相比于2021年有所放缓。永州市生猪出栏量在湘南片区中占比最高，郴州市生猪出栏量增速最快。从该片区猪场规模结构的变化趋势来看，此片区生猪出栏量增幅较大，原因在于大型、特大型规模猪场的增幅明显。湘南片区的生猪养殖呈现明显的规模化和集约化趋势，养殖场规模逐渐扩大，以适应市场需求，并且在生产流程、管理模式上更加集约化，利用先进技术和管理手段提高养殖效益。片区的生猪养殖场（户）普遍采用精准饲喂、环境控制、疫病防控、生物安全防护、畜禽产品追溯等智能化技术，提高了养殖效率和质量安全水平。可见，湘南片区的生猪养殖结构不断优化，规模化、标准化、绿色化水平持续提升。

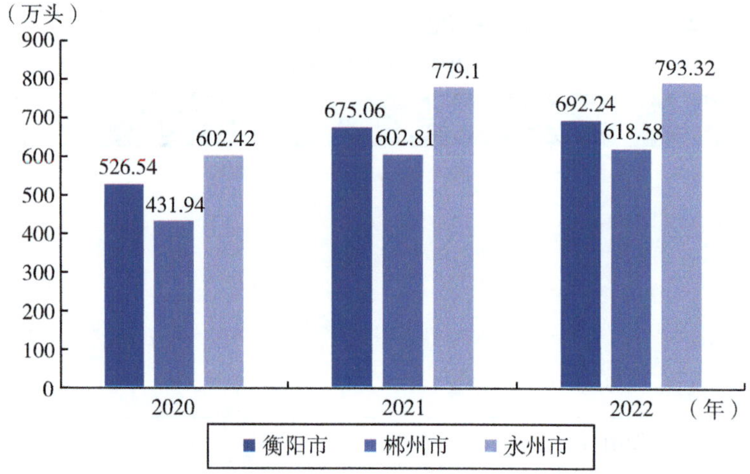

图3-6　2020—2022年湘南三市生猪出栏量比较

（1）永州市。2022年永州市全年生猪出栏量793.32万头，比上年增长1.8%；年末生猪存栏550.82万头，生猪存栏量、出栏量均居全省第一。永州市拥有生猪调出大县10个，占全省的15.38%。2022年，10个生猪调出大县的出栏量相差幅度较小，均超过50万头，合计出栏量占永州市总出栏量的95.70%，排名前三的是祁阳县、宁远县、零陵区，均超过85万头，永州生猪产业已成为全省生猪产业发展的高地和标杆。2022年，从10个生猪调出大县的出栏量增幅情况来看，除蓝山县的生猪出栏量处于减少状态，其余各县的生猪出栏量均有所增长，其中新田县的增幅最大，增长约3%。永州市境内山峦起伏、林地较多，所处地理位置属温、热带结合区域，加之独特的地形地貌，形成境内气候温和、雨量充沛、土地肥沃、物产丰富的亚热带气候条件，南部六县有“天然大棚”之称，因而永州地区养猪具备天然优势。党的十八大以来，在永州市委、市政府的坚强领导下，永州市消费保持了平稳较快发展，总量规模不断攀升，消费结构不断优化，重点领域投资增势较好。其中，全市涉农项目投资增长56.4%，在居民消费形势向好以及农业领域投资增长的带动下，永州市生猪产业在全省中的地位得以稳固。

相关资料见图3–7、图3–8。

（2）衡阳市。2022年衡阳市全年生猪出栏692.24万头，比上年增长2.5%；年末生猪存栏463.43万头，比上年下降0.9%，其中，能繁母猪存栏44.37万头，生猪存、出栏量均居全省第三。衡阳市生猪生产市场区位优势明显，产业传统优势明显，所辖7个县市属国家级生猪调出大县，占全省的10.78%，这7个生猪调出大县的出栏量均超过65万头，合计出栏量占衡阳市总出栏量的98.48%，其中排名前三的是衡南县、衡阳县、耒阳市，出栏量均超过100万头，三个地区的总出栏量占衡阳市总出栏量的58.58%，衡南县与衡阳县的生猪出栏量

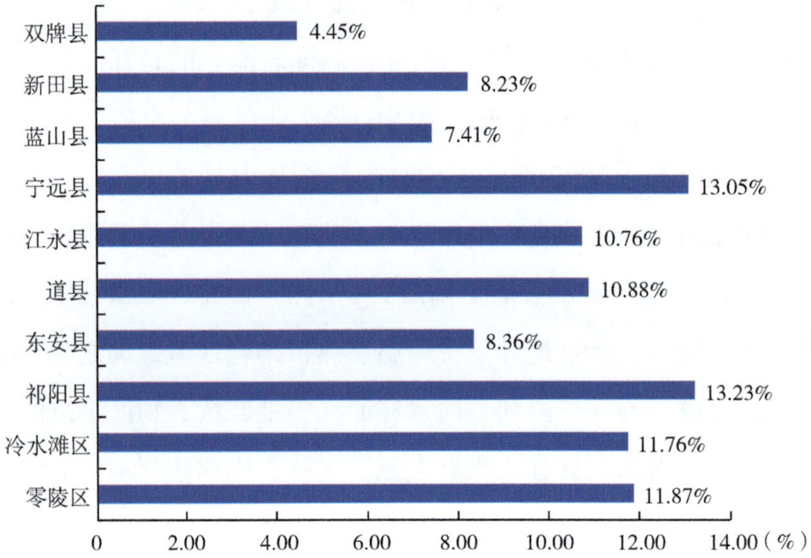

图 3-7　2022 年永州市各地区生猪出栏量占比情况

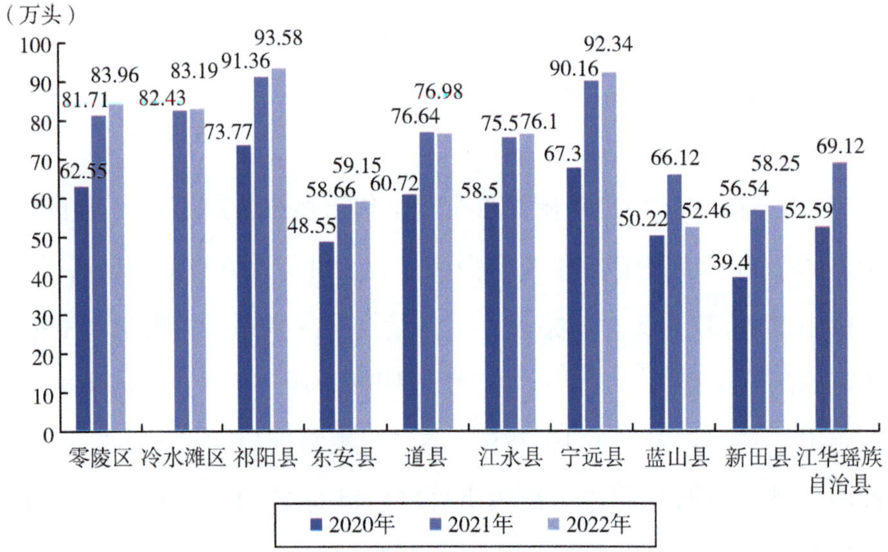

图 3-8　2020—2022 年永州市生猪调出大县出栏量比较

不相上下，均超过130万头，在湘南片区的生产优势明显。近年来，衡阳市委、市政府认真贯彻落实国家及省生猪稳产保供战略部署，集中签约招商引进了新希望、湖南新五丰、广东海大集团、双胞胎集团、广西杨翔、温氏集团等8家全国养猪龙头企业及社会工商资本，共投资153亿元，兴建了183个现代化养猪场，全面实施优质湘猪工程，将衡阳市建设成粤港澳生猪主要供应基地。据统计，衡阳市现有年出栏商品猪10万头以上的养猪场5个，年出栏1万头以上的规模养殖场（户）267个，生猪养殖规模占全市养殖总量的81.56%。衡阳市通过政策引领、规模养殖、绿色发展、品牌培育等方式全力抓好生猪稳产保供工作，生猪产能稳步提升，生猪市场供应充分。

相关资料见图3-9、图3-10。

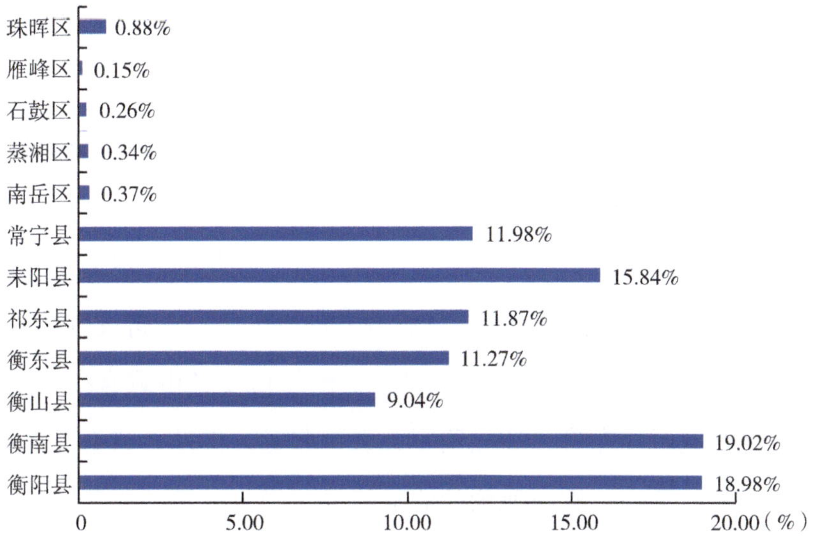

图3-9　2022年衡阳市各地区生猪出栏量占比情况

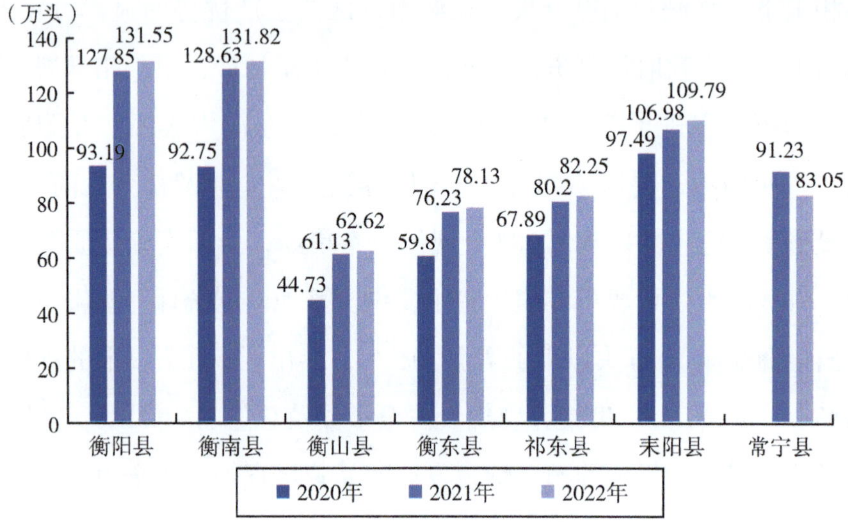

图3-10　2020—2022年衡阳市生猪调出大县出栏量比较

（3）郴州市。2022年郴州市出栏生猪618.58万头，比上年增长2.6%；年末生猪存栏408.35万头，与上年基本持平，生猪存栏量、出栏量均居全省第四。郴州市拥有生猪调出大县7个，占全省的10.78%，7个生猪调出大县的出栏量差幅不大，均超过65万头，合计出栏量占郴州市总出栏量的80.40%，其中排名前三的宜章县、桂阳县、苏仙区。2022年，郴州市深入抓实优质湘猪工程工作，积极对接粤港澳大湾区“菜篮子”工程，精准施策，精心服务，助推生猪产业持续健康发展。生猪产业作为“四大百亿”产业之一，郴州市委、市政府高度重视，成立生猪产业工作专班，加强调度、强化服务，推动生猪生产稳步提升。近年来，郴州市着力抓全产业链建设，稳步推进产业转型，加大建链、强链、延链，突出联大引强，以建设以粤港澳大湾区为主的生猪屠宰加工产业园为依托，构建“养殖——屠宰——加工（冷鲜）”模式，引导和推动生猪全产业链一体化发展。同时，郴州市紧抓动物疫病防控工作，以稳步提升生物安全水平，严密开展疫病监测排查，实施生猪运输检查管理制度、生猪及其产品调运备案制度、生猪调运动物疫病检测制度。严格落实病死畜禽无害化处理中心、运输转运中心及运输车辆的生物安全防控措施，定期开展消杀，严防疫病“外溢”。

相关资料见图3-11、图3-12。

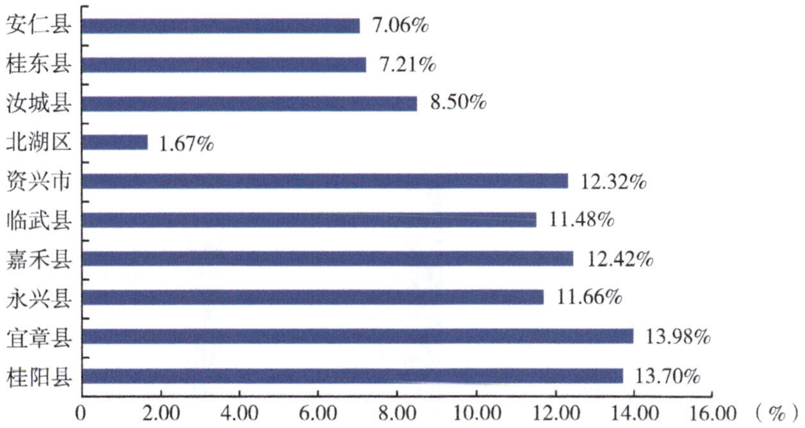

图3-11 2022年郴州市各地区生猪出栏量占比情况

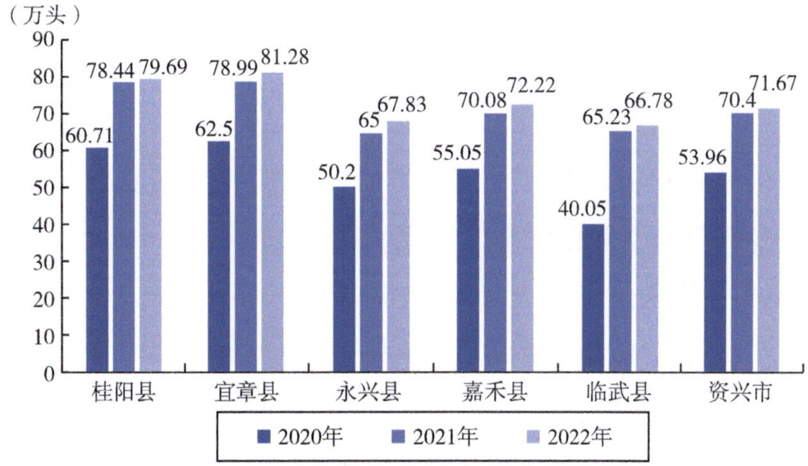

图3-12 2020—2022年郴州市生猪调出大县出栏量比较

2. 湘中片区

湘中片区包含邵阳市、娄底市、益阳市，2022年生猪出栏量为1 515.15万头，增幅为2.13%，占全省总出栏量的24.24%。其中，邵阳市出栏量占三市总出栏量的46.13%，生猪生产优势相对明显；娄底市与益阳市生猪年出栏量相近，均超过400万头，两地的生猪产能潜力有待挖掘（见图3-13）。

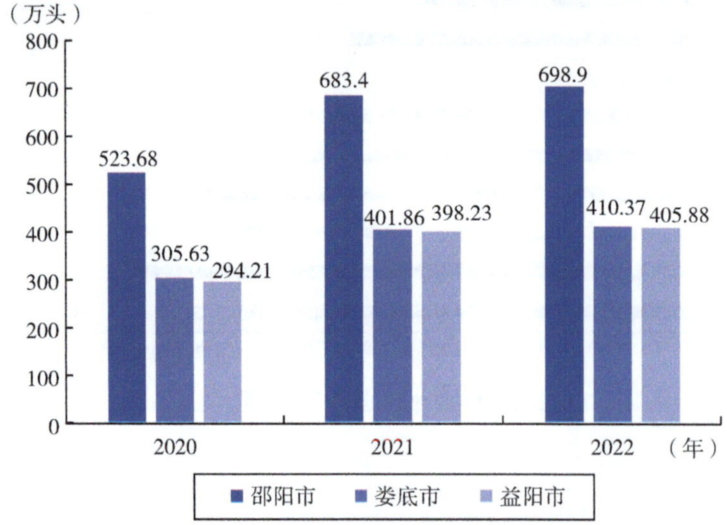

图3-13　2020—2022年湘中三市生猪出栏量比较

（1）邵阳市。2022年，邵阳市出栏生猪698.9万头，比上年增长2.3%；年末生猪存栏463.9万头，比上年下降1.4%，生猪存栏量、出栏量均居全省第二。邵阳市拥有生猪调出大县7个，占全省的10.78%，且7个生猪调出大县的出栏量均超过60万头，合计出栏量占邵阳市总出栏量的86.45%，洞口县、武冈市、邵阳县年生猪出栏量位于全市前三，其中洞口县和武冈市出栏量均超过95万头，两个地区的出栏量占邵阳市总出栏量的33.25%，生猪生产优势明显。邵阳市各生猪调出大县在2020年的出栏量较为低迷，呈下降状态，且存栏量较高，但在2021年时各生猪调出大县的生猪存栏量大幅上升，2022年各生猪调出大县的出栏量增幅趋于平稳。2022年以来，邵阳市规模化养殖水平有所提高，大规模养殖户出栏量逐年上升，其出栏量在全市中的占比逐年攀升，地区的生猪产业规模化发展形势较好。邵阳市生猪养殖具有较好的发展基础和技术储备，各级党委政府充分认识到发展生猪养殖产业的重要性和必要性，大力推进生猪标准化、规模化养殖，落实各项扶持政策举措，支持规模养殖场户增养补栏，为保障邵阳市地区生猪产业持续健康发展提供了坚实基础。

相关资料见图3-14、图3-15。

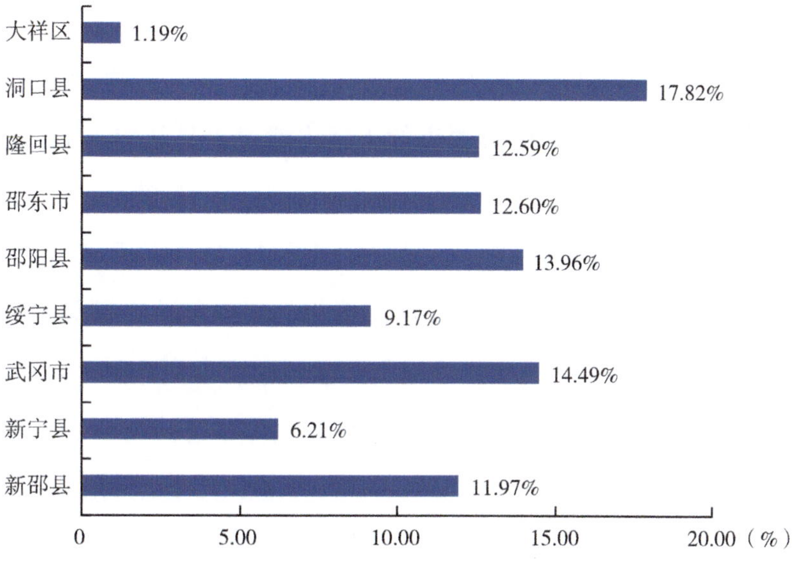

图3-14　2022年邵阳市各地区生猪出栏量占比情况

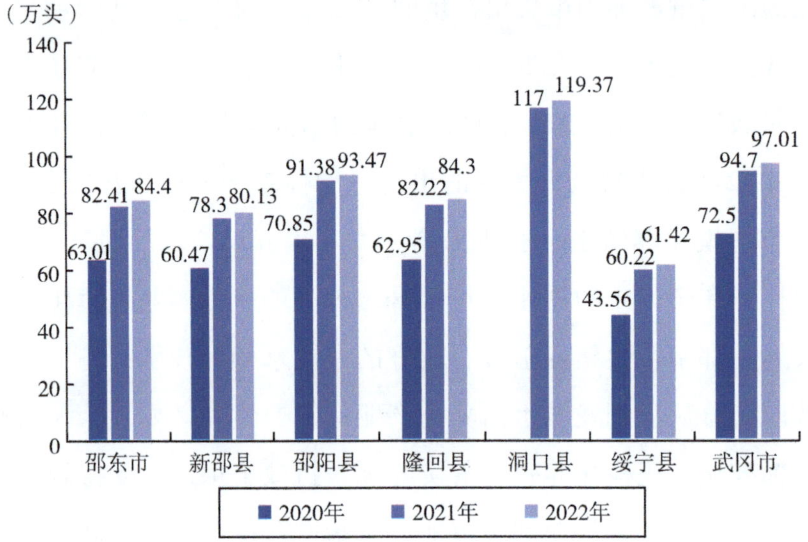

图3-15　2020—2022年邵阳市生猪调出大县出栏量比较

（2）娄底市。2022年娄底市生猪出栏量410.37万头，比上年增长2.1%，年末生猪存栏277.35万头，比上年下降2.7%，生猪出栏量居全国第七。娄底市拥有生猪调出大县3个，这3个生猪调出大县的出栏量都超过90万头，其中涟源市的生猪出栏量更是超出了130万头，位居全省前列。由此可见，娄底市虽然生猪调出大县的数量不多，但各生猪调出大县的实力犹在。为保护生猪养殖户的生产积极性，娄底市采用一系列的兜底性政策，政策形式为母猪强制险、肥猪自愿险。经调查，养殖户对生猪保险普遍接受和欢迎，满意度较高，育肥猪保险费为40元/头，保险期限150天。能繁母猪保险费90元/头，其中，政府承担生猪保险费比例为85%，养殖户承担保险费比例为15%，在一定程度上激发了娄底市养殖户生猪生产积极性，助力了娄底市生猪产业实现稳产保供。

相关资料见图3-16、图3-17。

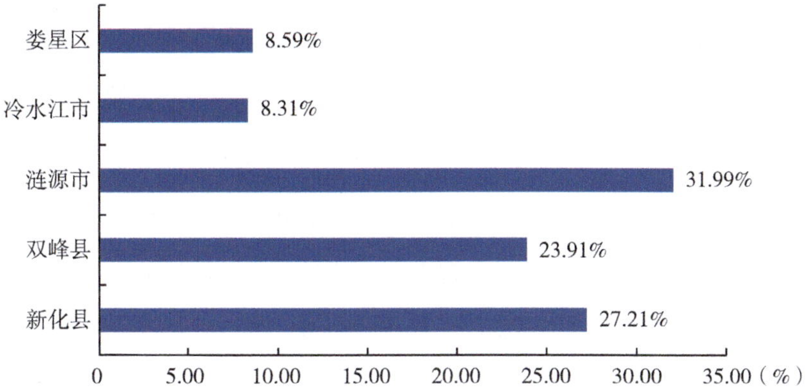

图3-16 2022年娄底市各地区生猪出栏量占比情况

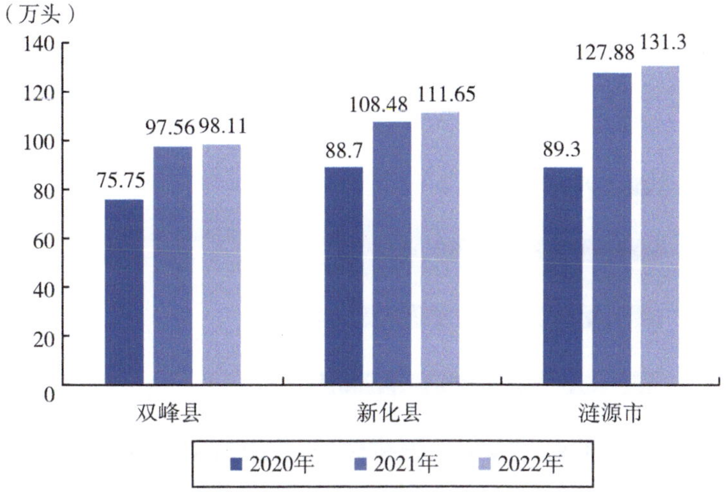

图3-17 2020—2022年娄底市生猪调出大县出栏量比较

（3）益阳市。2022年益阳市生猪出栏量为405.88万头，比上年增长1.9%，全省占比6.49%，生猪出栏量居全国第八。益阳市拥有生猪调出大县6个，安化县、桃江县、沅江县年生猪出栏量位于全市前三，占全省的9.23%。除南县外，其余各生猪调出大县的出栏量均超过60万头，其中安化县年出栏量达105万头，生猪产能在全市具有较大优势。总体来说，益阳市各生猪调出大县发展状况有所不一，从出栏量方面来看，生猪出栏量最高的安化县与出栏量最低的南县之间的出栏量差额高达60万头左右。可见，益阳市的生猪产业发展具有较大的地区差异。2022年，益阳市畜牧行业加快产业结构调整和科技创新步伐，产能产值得到稳步提升，共创建国家级畜禽养殖标准化示范场1家、省级畜禽养殖标准化示范场2家，创建国家级生猪产能调控基地41家、省级生猪产能调控基地35家，养殖方式发生较大变革，由传统的农户庭院分散养殖向良种化、规模化、标准化、产业化的现代生产方式加速转型。

相关资料见图3-18、图3-19。

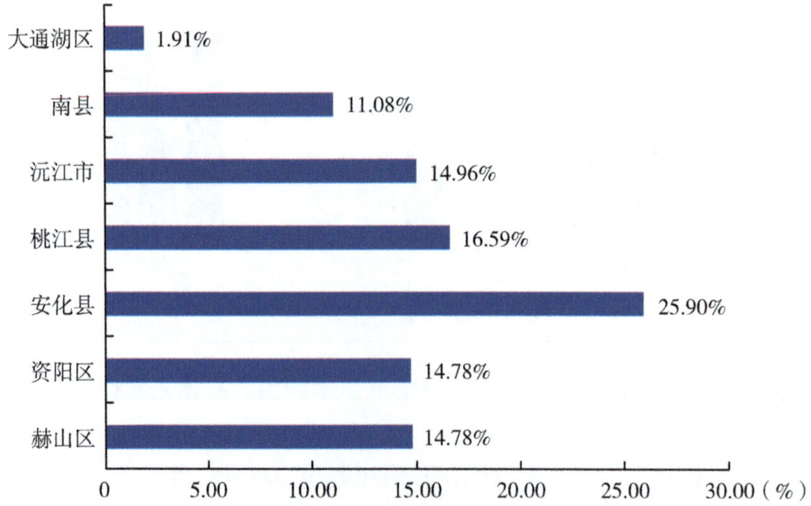

图3-18　2022年益阳市各地区生猪出栏量占比情况

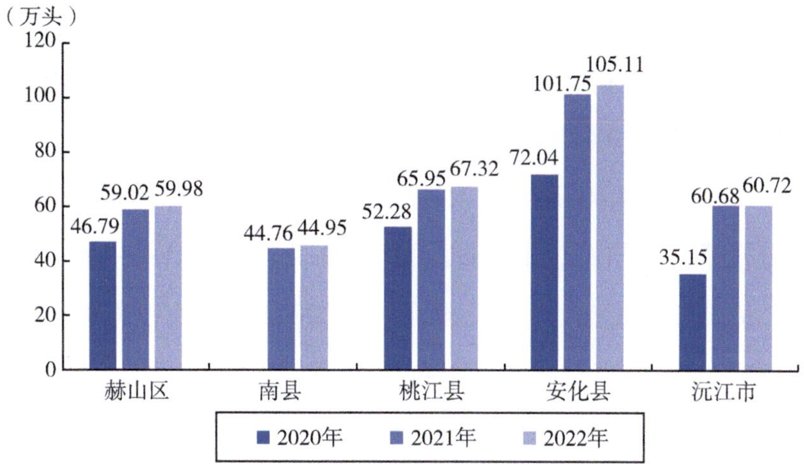

图3-19 2020—2022年益阳市生猪调出大县出栏量比较

3. 湘北片区

湘北片区包含常德市、岳阳市，2022年生猪出栏量为990.72万头，增幅为2.17%，占全省总出栏量的15.85%。近年来，两市生猪生产均发展较快，增速明显。其中，常德市生猪出栏量高于岳阳市生猪出栏量，位居全省前列；岳阳市紧随其后（见图3-20）。

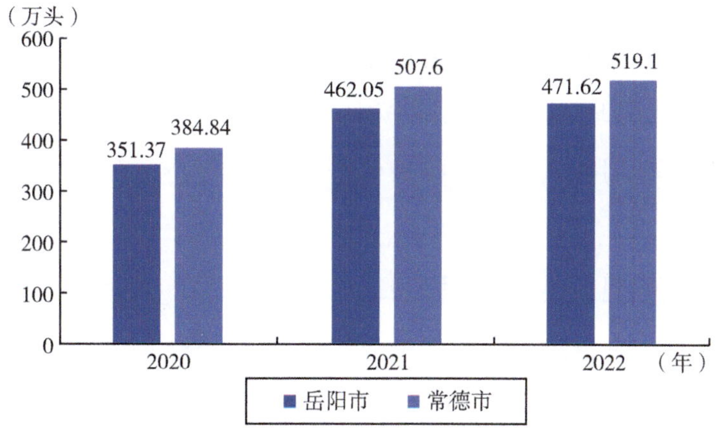

图3-20 2020—2022年湘北两市生猪出栏量比较

（1）常德市。2022年常德市出栏生猪519.10万头，比上年增长2.3%；年末生猪存栏323.50万头，比去年下降0.8%，生猪存栏量、出栏量均居全省第五。常德市拥有生猪调出大县7个，占全省的10.78%，7个生猪调出大县的出栏量相差不大，均超过55万头，合计出栏量占郴州市总出栏量的88.22%，其中排名前三的分别是桃源县、鼎城区、澧县。其中，石门县在2021年度出栏量居于全市第三，而在2022年却被紧随其后的澧县赶超，退出了全市前三之席，但石门县的生猪产业实力仍不得轻视。非生猪调出大县的安乡县生猪生产规模亦不容小觑，2022年出栏量占全市的11.08%，排名第五。另外，津市市近几年生猪出栏量增长速度较快，2022年的出栏量增幅为全市第一，达到4.1%，发展势头良好。2022年，全市常年备案的规模猪场1 000多家，省级以上生猪产能调控基地105家，生猪行业市级以上农业产业化龙头企业22家。目前，全市生猪产业趋于稳定发展，产业融合度进一步深化。常德地处洞庭湖西岸，也是洞庭湖生态经济区的重要组成部分。2022年来，市畜牧水产事务中心积极配合“洞庭清波”专项整治行动，完成了2万余亩水产养殖池塘生态化改造。通过生态化改造，池塘养殖尾水可实现达标排放或循环利用。养殖过程中产生的残饵、鱼粪等废弃物也能得到综合利用，从而形成绿色、低碳、可持续的生态循环渔业模式。

相关资料见图3–21、图3–22。

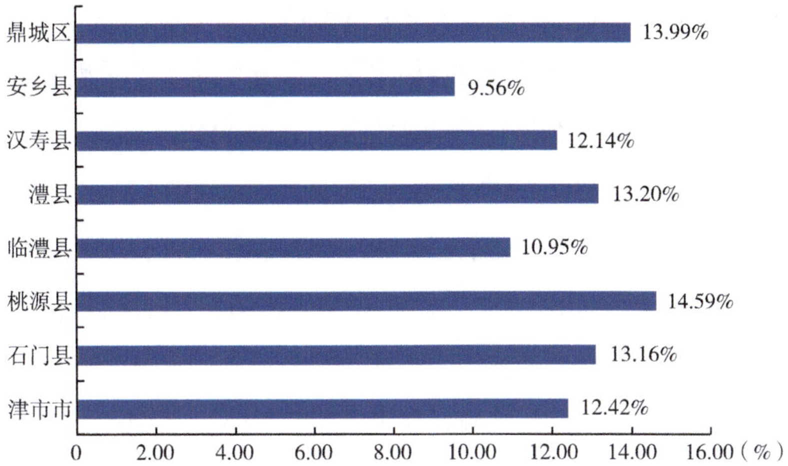

图3-21 2022年常德市各地区生猪出栏量占比情况

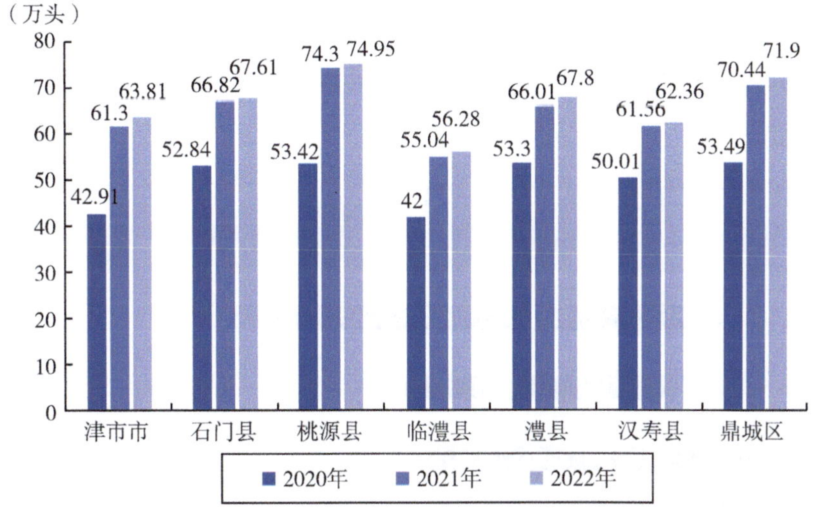

图3-22 2020—2022年常德市生猪调出大县出栏量比较

（2）岳阳市。2022年岳阳生猪出栏471.62万头，创近5年历史新高，同比增长2.07%，生猪存、出栏量均居全省第六。岳阳2022年生猪存栏318.03万头，同比下降3.05%，其中能繁母猪28.39万头，同比下降1.25%，是正常保有量水平的105.1%，较2022年下降1.4个百分点，能繁母猪基本处于合理存栏水平，引导生猪生产适度减产目标基本实现。岳阳市拥有生猪调出大县6个，2022年，6个生猪调出大县的出栏量占全市出栏量的91.40%，其中，平江县、岳阳县、汨罗市年生猪出栏量在全市排名前三，地区内具有相对优势。岳阳县、平江县年出栏量均超过85万头。由于从前生产方式粗放的畜禽水产养殖业给洞庭湖区造成了沉重的生态环境压力，湖区流域养殖业的污染治理形势严峻，而作为拥有洞庭湖水域面积60%的岳阳市，也需承担治理畜禽水产养殖业污染治理的责任。岳阳各县市区因地制宜，科学划定畜禽养殖“三区”（禁养区、限养区、适养区），坚决实行禁养区退养。同时，提高养殖门槛，严格行业准入，全面推进产业转型升级，促进畜牧业高质量发展，加快推进岳阳市散小养殖向规模化养殖的转变。

相关资料见图3-23、图3-24。

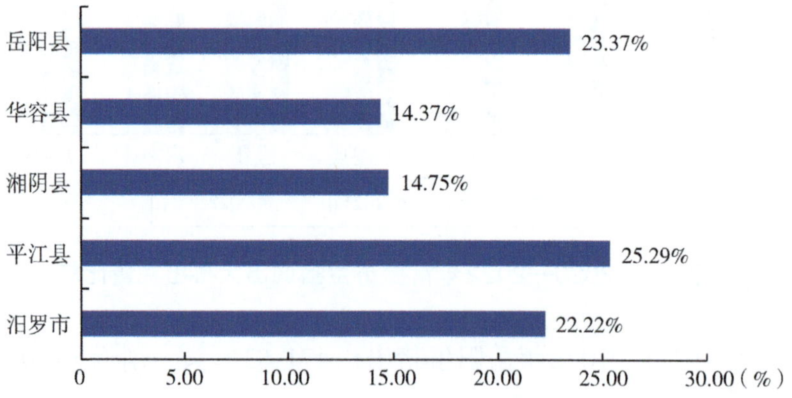

图3-23　2022年岳阳市各地区生猪出栏量占比情况

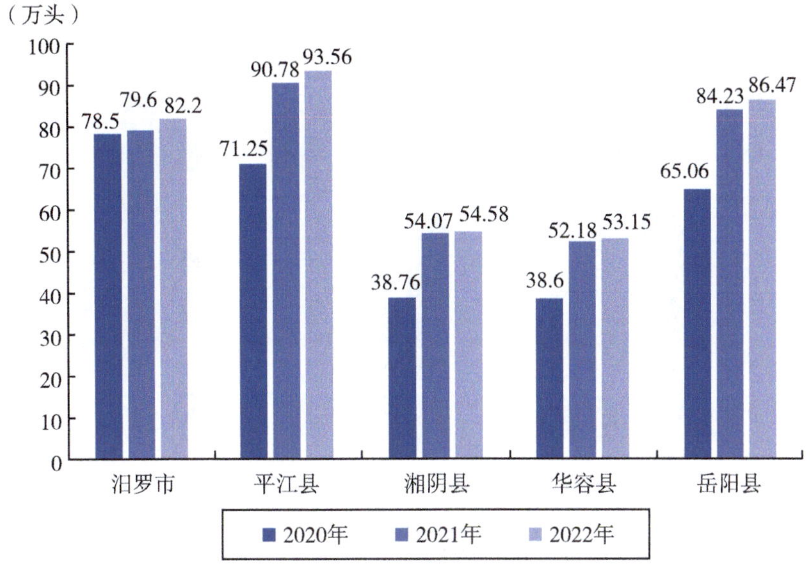

图3–24　2020—2022年岳阳市生猪调出大县出栏量比较

4. 湘东片区

湘东片区包含长沙市、株洲市、湘潭市。2022年全年生猪总出栏量为1 001.9万头，增幅为1.76%，占全省总出栏量的16.03%。湘东片区主要是散养、公司+农户和公司自繁自养三种生猪养殖模式，其中以散养为主，养殖集中度不高，易受疫情和生猪市场价格波动影响，造成生猪出栏量波动。"公司+农户"的养殖模式中，公司通过与农户签订养殖协议，提供猪苗、饲料让农户育肥，后按合同价收购，在一定程度上降低了农户的养殖风险。自繁自养是指公司建设养殖基地进行规模一体化养殖，饲养母猪繁育仔猪，然后将仔猪饲养成肥猪出栏。

相关资料见图3–25。

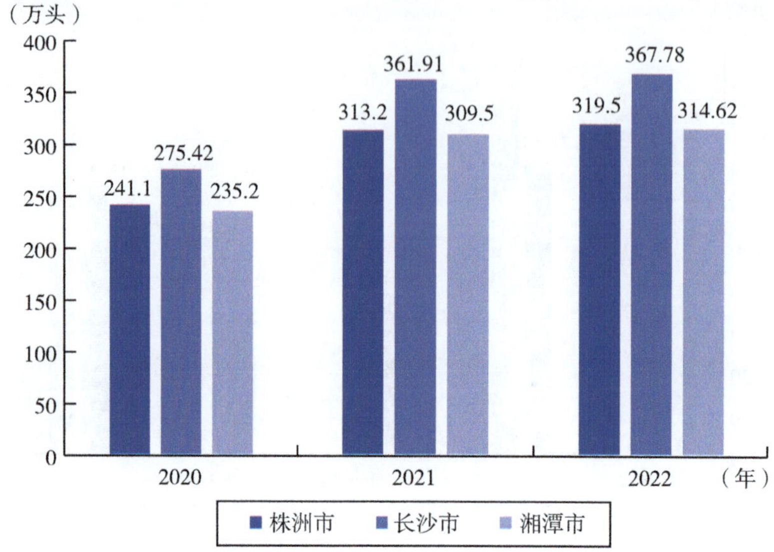

图3-25　2020—2022年湘东三市生猪出栏量比较

（1）长沙市。2022年长沙市出栏生猪367.78万头，比上年增长1.6%，生猪出栏量居全省第十。长沙市拥有生猪调出大县3个，2022年，3个生猪调出大县的出栏量占全市出栏量的91.40%，其中，宁乡市、浏阳市年出栏量均超过100万头。在长沙市各地区中，随着畜禽养殖禁养区的积极推进，生猪生产差异明显，长沙城区的养殖规模在逐步减少，2022年开福区的出栏量比上年下降34.93%。而宁乡市、浏阳市、长沙县靠近长沙市城区，生猪消费市场广阔，土地、物质资源较为丰富，适宜生猪产业发展。长沙市的三个生猪调出大县在近三年出栏量不断增加，特别在2021年度增速较快，宁乡市、浏阳市的增长分别为32.4%和31.67%。在2020年度增长放缓，仅为3.4%和0.83%，在2022年度宁乡县的生猪出栏量超过浏阳市，达132.22万头，位居长沙市各地区生猪出栏量第一。

相关资料见图3-26、图3-27。

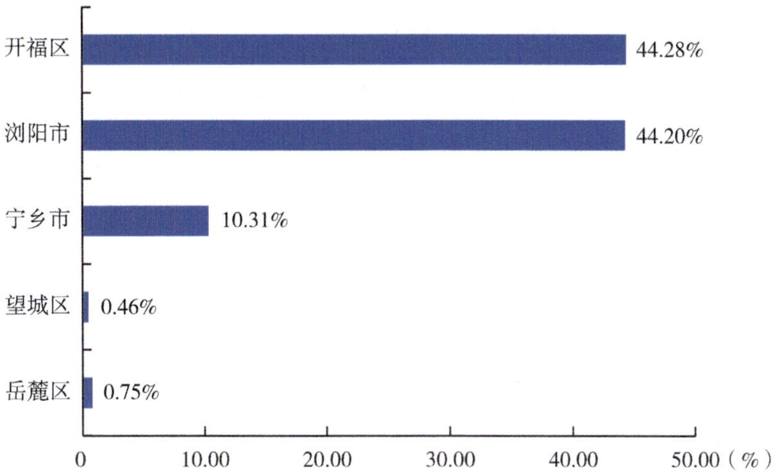

图3-26 2022年长沙市各地区生猪出栏量占比情况

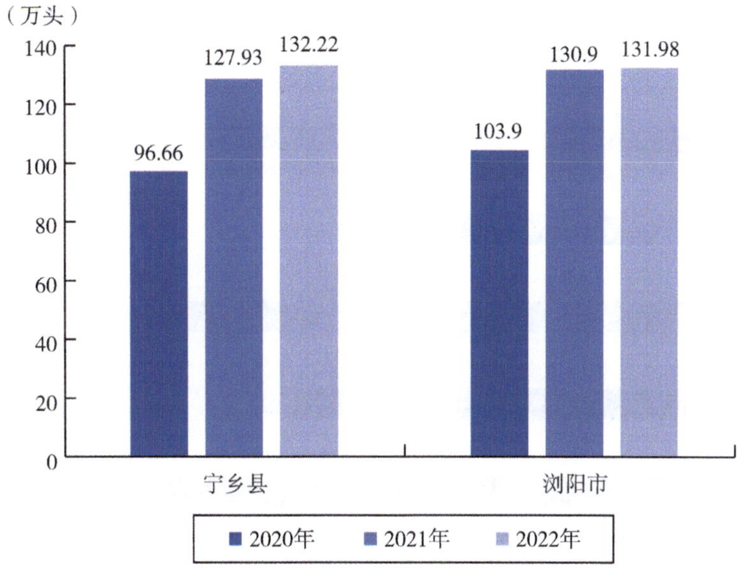

图3-27 2020—2022年长沙市生猪调出大县出栏量比较

（2）株洲市。2022年株洲市出栏生猪319.5万头，比上年增长2%，生猪出栏量居全省第十一。其中，醴陵市、攸县生猪出栏量在全市各地区中占比较高，分别达到30.49%和28.23%。株洲市拥有生猪调出大县3个，2022年，3个生猪调出大县的出栏量占全市出栏量的77.24%。株洲市各生猪调出大县近三年生猪出栏量持续呈增长趋势，其中2020—2021年度，上半年猪肉价格高涨，吸引养殖户扩大养殖规模，生猪出栏量增长趋势明显，攸县、茶陵县、醴陵县分别增长25.2%、33.3%和31.1%；2021—2022年度由于猪价低迷、饲料成本高涨，极大降低养殖户补栏的积极性，增幅骤降，仅为1.5%~2.2%。

相关资料见图3-28、图3-29。

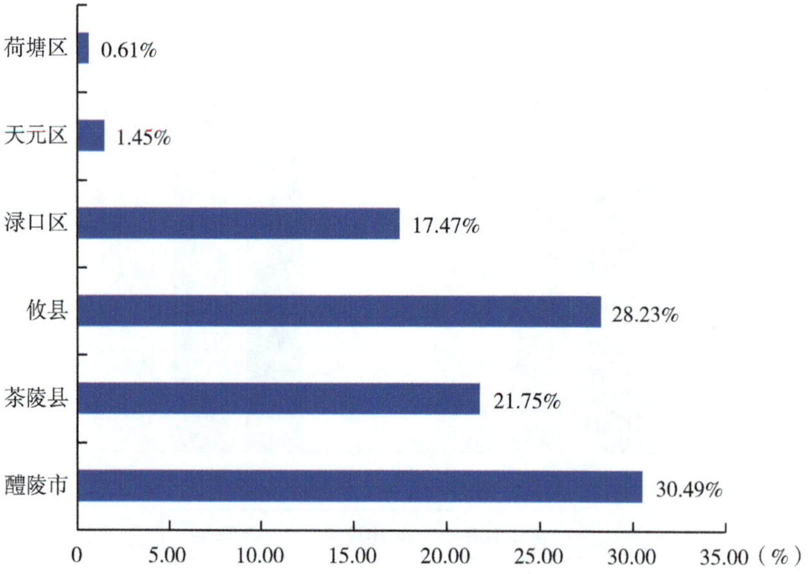

图3-28　2022年株洲市各地区生猪出栏量占比情况

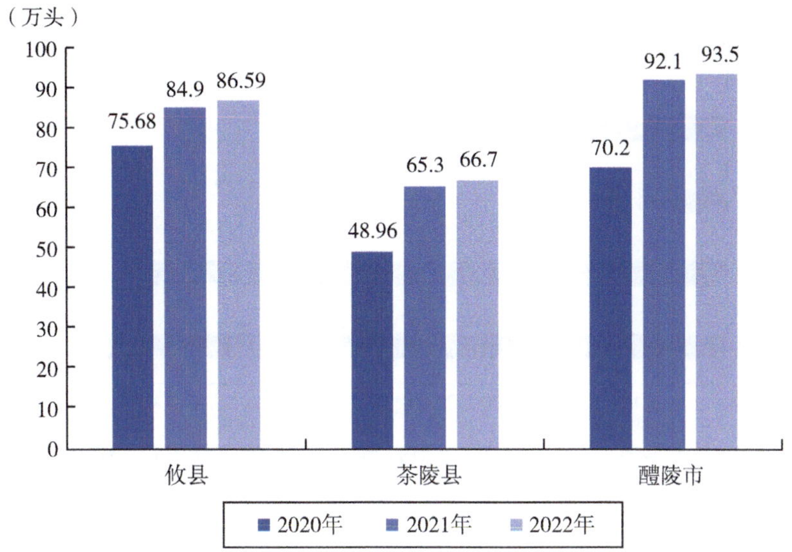

图3-29　2020—2022年株洲市生猪调出大县出栏量比较

（3）湘潭市。2022年，湘潭市出栏生猪314.62万头，比上年增长1.7%；年末生猪存栏187.40万头，比上年下降4.0%，生猪出栏量居全省第十一。湘潭市拥有生猪调出大县2个，出栏量占全市出栏量的81.11%，其中，湘潭县、湘乡市生猪出栏量均超过100万头，分别为132.6万头、122.59万头，生猪产业发展稳中有进。2020—2022年湘潭市生猪调出大县出栏量呈持续上涨趋势，2021年度，湘潭县、湘乡市生猪出栏量都突破100万头，分别为129.1万头和120.4万头，同比增长33.3%和34.4%。2022年度出栏增速放缓，仅为2.7%和1.8%，生猪产能逐渐释放。

相关资料见图3-30、图3-31。

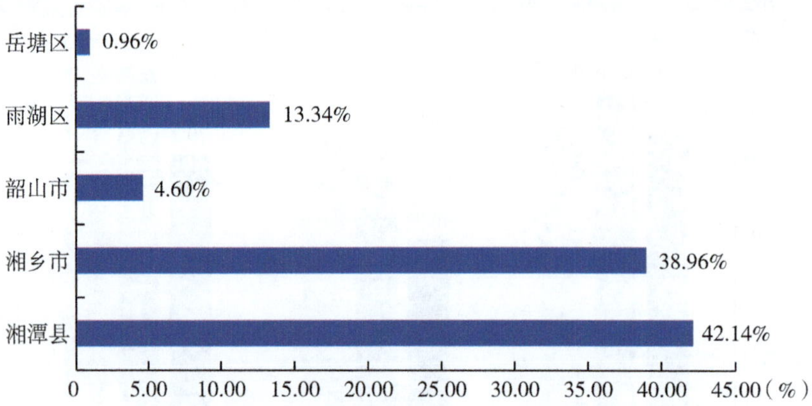

图3-30　2022年湘潭市各地区生猪出栏量占比情况

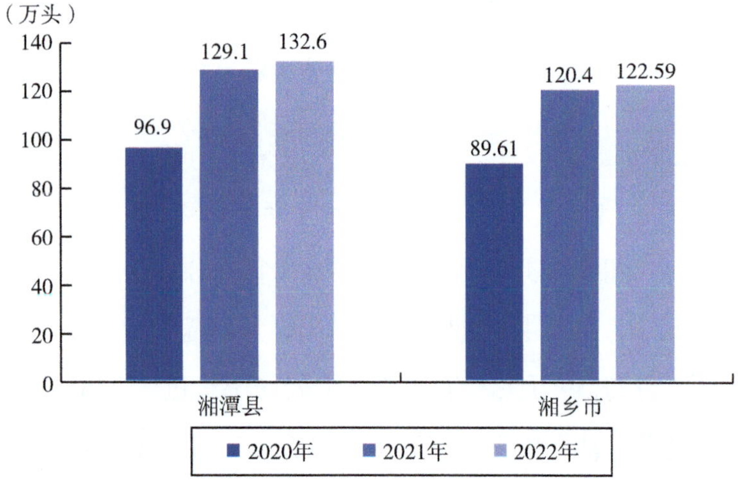

图3-31　2020—2022年湘潭市生猪调出大县出栏量比较

5. 湘西片区

湘西片区包含怀化市、湘西州、张家界市，2022年生猪出栏量增幅为13.68%。其中，怀化市在湘西片区中生猪出栏量相对较大，但湘西州、张家界市的增幅较大，湘西州的生猪出栏量较去年增长4%，而张家界市的生猪出栏量则较上年增长114.29%（见图3-32）。

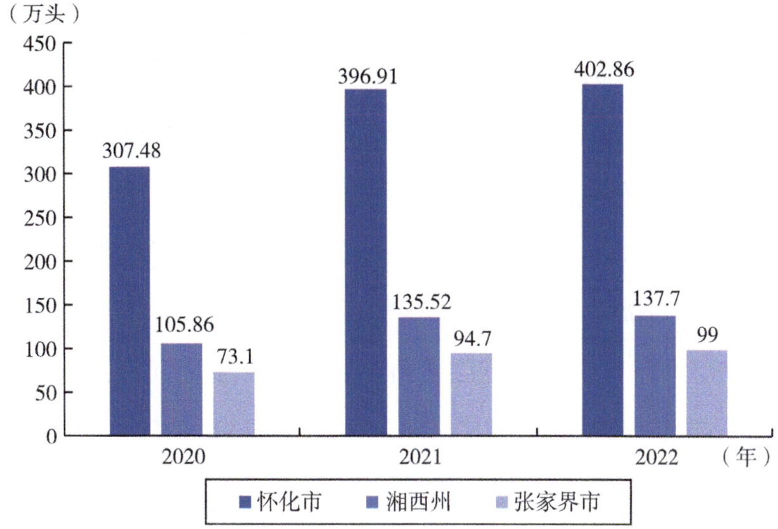

图 3-32　2020—2022 年湘西三市生猪出栏量比较

湘西片区三市中，受国家环保政策影响，生猪产业发展水平落后于其他片区。但较低的生猪出栏量极易造成市场出现供不应求的局面，导致猪肉价格攀升，影响居民的日常生活，因此各市政府重点是稳定生猪供求关系。怀化市与湖南天心种业公司合作，建造多个生猪标准化养殖场，全力打造集“生猪种业、育肥、屠宰、冷链物流、有机肥、饲料和肉食品加工、生物制药、种养平衡”的生猪全产业链。湘西州政府开展湘西黑猪扶持项目、生猪保险+期货项目，切实稳定生猪产业发展。张家界市还通过与东方希望公司签定战略合作框架协议，开展现代生猪养殖项目，推动本市生猪产业的发展。

（1）怀化市。2022 年怀化市出栏生猪 402.86 万头，比上年增长 1.5%；年末生猪存栏 187.40 万头，比去年下降 4.0%，生猪出栏量居全省第九。怀化市拥有生猪调出大县 2 个。2022 年，2 个生猪调出大县的出栏量占全市出栏量的 34.12%，其中，溆浦县生猪出栏量最高，达96.14万头，2023年度有望突破100万头（见图3-33、图3-34）。近三年，怀化市各生猪调出大县出栏量略有起伏，整体上呈上涨趋势，2021年度增幅较大，溆浦县、芷江侗族自治州从70.75万头、33.61万头分别增长至94.1万头、43.51万头，增幅为32.9%和29.5%。2022年度溆浦县出栏量延续增长趋势，但增幅明显下降，为2.21%，芷江侗族自治州出栏量则略微下降，降幅为5.1%。

怀化市不乏有生态环境优越的县区，利于生猪饲养，其中会同县森林覆盖率为73.88%，有“广木之乡”的美称。2022年5月，会同县与湖南农业发展投资集团达成协议，投资20亿元，打造生猪全产业链，以生猪全产业链为主线，着力延伸拉长产业链条，打造立体循环高效现代农业产业体系，真正将会同县生态、资源优势转化为产业、经济和发展优势。目前，马鞍镇闹溪村生猪标准化规模养殖场，2022年6月进入运营阶段，每月存栏母猪2 400头，年出栏量可达5万头。

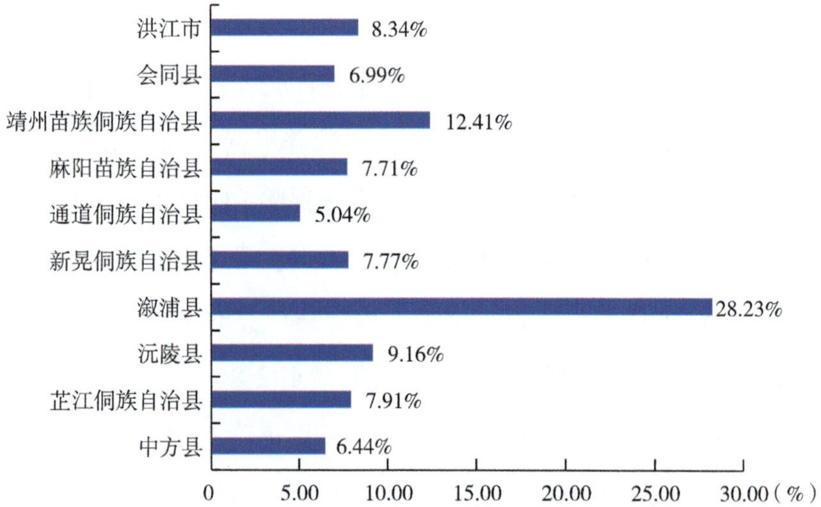

图3-33　2022年怀化市各地区生猪出栏量占比情况

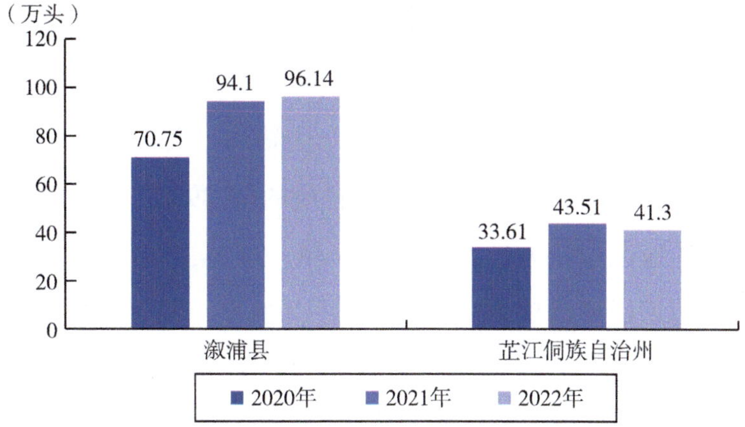

图3-34 2020—2022年怀化市生猪调出大县出栏量比较

（2）湘西州。湘西州地处武陵山区，山高路陡，由于地理环境受到制约，生猪产业发展较为缓慢，生猪出栏量在湖南省排名相对靠后，所属各地区暂无生猪调出大县。2022年湘西州出栏生猪137.7万头，比上年增长1.6%；年末生猪存栏98.5万头，比去年下降0.8%，生猪出栏量居全省第十三，各地区中保靖县生猪出栏量占比最高，达21.97%，古丈县占比最小仅为4.95%（见图3-35）。

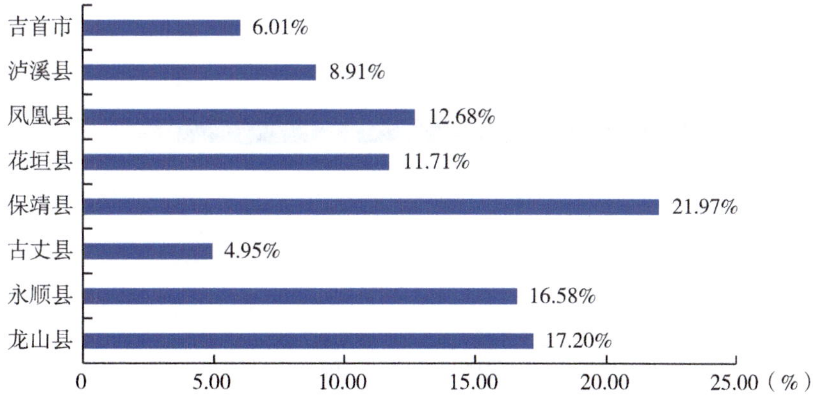

图3-35 2022年湘西州各地区生猪出栏量占比情况

（3）张家界市。2022年张家界市出栏生猪99.0万头，比上年增长1.3%；年末生猪存栏62.8万头，比上年下降3.7%，生猪出栏量居全省第十四。张家界市仅拥有慈利县1个生猪调出大县。2022年，慈利县的出栏生猪66.06万头，占全市出栏量的68.89%，生猪生产优势在张家界市各地区中较为显著（见图3-36、图3-37）。2020—2022年，慈利县生猪出栏量呈现涨-跌的趋势，2021年度从46.47万头增长至67.14万头，涨幅十分明显为44.5%。2022年度因生猪市场低迷出栏量有小幅下降，降幅为1.5%。

2022年东方希望集团在张家界市开展生猪产业链项目，分养殖场、饲料厂、屠宰加工厂3个项目实施，项目投资主要集中在慈利县，共在慈利县的17个乡镇中选出养殖场地37个，初步完成供水工程20处，进出场道路工程18条，电线架设9处，是慈利县县城经济发展的重大项目。作为慈利县县域经济发展的重点项目，慈利县各乡镇以“功成不必在我、功成必定有我”的担当精神，尽应尽之责，做好衔接、加强配合，齐心协力推动项目建设。

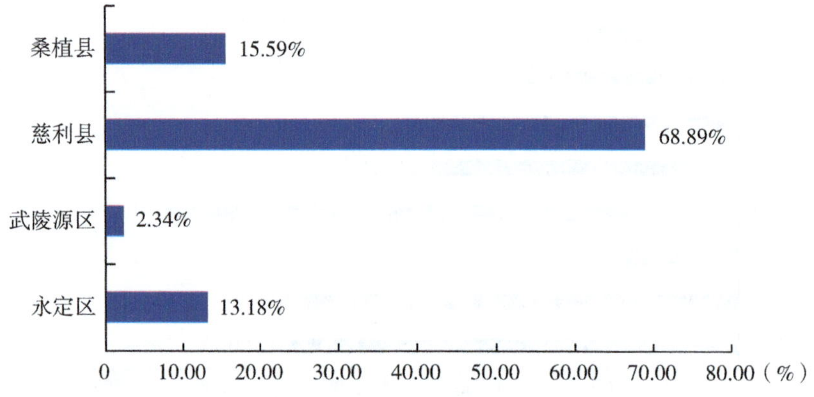

图3-36　2022年张家界市各地区生猪出栏量占比情况

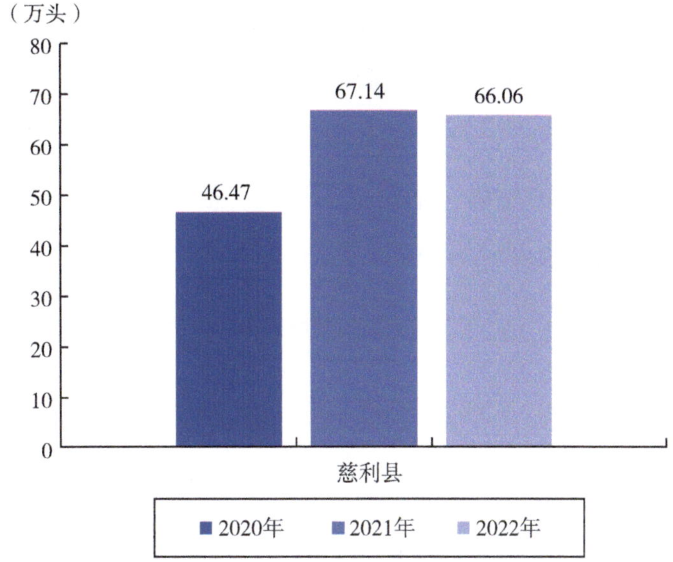

图3-37　2020—2022年张家界市生猪调出大县出栏量比较

二、2022年生猪价格变动分析

（一）湖南省与全国生猪价格分析

2022年，湖南省与全国生猪市场销售价格各月变化趋势如图3-38所示。我省全年生猪市场价格变动与全国变化趋势相同，但全年各月份价格都高于全国市场价格，其中1月至3月呈下降趋势，3月较1月下降了30.6%，且2月至3月下降趋势极其明显，主要原因在于春节期属于猪肉消费市场的旺季，春节过后居民对猪肉的消费意愿降低，猪肉消费进入淡季。3月之后随着能繁母猪存栏量回调以及春节对猪价影响削弱，生猪价格进入新一轮“猪周期”，市场价格持续上涨，其中6月至8月增速较快，环比增长18.8%和18.2%。11月达到生猪价格顶峰37元/公斤，同时高价位的猪肉抑制居民的猪肉消费需求，消费短期低迷造成恐慌出栏，生猪供应明显增加，生猪价格开始下跌，下降趋势一直延续至今。纵观2022年全年，生猪价格呈现“跌-涨-跌”的趋势，猪价前低后高，季节性波动相较于2021年下跌7.2%，波动幅度较为明显（见图3-38）。

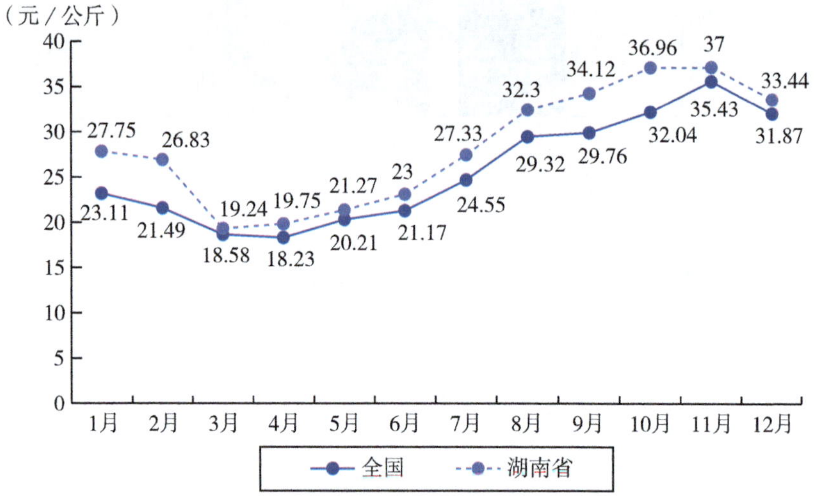

图3-38　2022年全国与湖南省生猪市场价格变化趋势

资料来源：农业农村部官网

生猪价格高低决定养殖主体的盈亏。低谷期时间长，生猪价格低于养殖成本，养殖户严重亏损，因资金周转困难，且看不到价格回升的迹象，一些养殖户减少养殖量甚至停止养殖。生猪价格上涨，养殖户盈利空间扩大，但由于拉动养殖总成本增加，后期利润空间受挤压。生猪价格季节波动不仅影响养殖主体的经济利益，还影响生猪补栏与出栏时间。

（二）生猪价格变化因素分析

1.需求层面

猪肉作为我国大多数居民获取蛋白质的重要途径，在肉类消费中占较大比重。从需求层面来看，消费者收入水平、消费偏好和替代品的价格都会对生猪价格造成影响。

一是消费者收入水平。猪肉作为居民日常消费的必需品，会随着居民可支配收入水平的变化而变化，当居民的收入水平较低时，猪肉在居民的眼中作为正常品，对猪肉的需求会随着收入的上升而增加，此时居民收入增加会推动生猪价格的上涨。但随着居民食品消费结构的不断升级，当居民收入水平达到较高水平时，高收入群体基于对品牌和品质的追求上升，此时猪肉在居民眼中作为非必需品，对猪肉的需求会随着收入的上升而下降，生猪价格也会随之下降。

二是消费偏好。居民的消费偏好会直接影响对猪肉的需求，在我国，猪肉消费呈现明显的季节性特征。一般而言，12月至次年春节，居民对猪肉的消费量较大，价格处于上涨趋势；3月至5月，由于前期猪肉消费较高，居民对猪肉消费意愿降低，消费处于淡季，价格下降；6月至11月，随着消费量回升，价格逐渐回暖。但猪肉价格季节性的特征也会受到成本上升、能繁母猪存栏、二次压栏、疫情风险等因素的影响，变化趋势会有所不同。

三是替代品的价格。随着时代的进步，居民们对肉类品种需求更加多元化，居民追求健康、营养及高品质的肉制品，生猪替代品价格的变化一定程度会引起生猪需求发生相应的调整。当替代品价格上升时，居民对替代品的需求会减少，对猪肉的消费会增加，进而生猪价格也会上升；反之亦然。

2.供给层面

一是养殖成本是影响生猪价格的直接原因。养殖成本，主要包括饲料成本和仔猪成本。其中，饲料成本主要取决于玉米和豆粕的价格。在生猪养殖的过程中，饲料和仔猪价格的变化会影响养殖户对存栏量的调整，进而影响生猪出栏量变化，造成生猪价格波动。在生猪市场其他条件不变的情况下，生猪养殖户会根据养殖成本的高低调整生猪生产规模。

二是生产周期。生猪养殖过程需要一个自然的养殖周期，在生猪产业链中，上游的养殖环节生产周期较长，而下游销售环节周期较短。当生猪市场出现供不应求的情况时，生猪价格上涨，养殖户会加大养殖规模，但由于生猪生长周期较长，无法立刻出栏，从而无法缓解生猪需求缺口，从而造成生猪价格继续高涨，当经过一段时间后，养殖户陆续出栏生猪，加之前期猪价高涨降低居民的消费意愿，从而出现供大于求的局面，猪肉价格下跌，生猪价格不断波动。

第二节　生猪生产优势及挑战

一、优势分析

（一）非洲猪瘟常态化防控稳定

2018年，非洲猪瘟传入我国并迅速蔓延，非洲猪瘟具有急性、烈性、高度接触性传染的发病特点，成为严重威胁我国生猪产业健康发展的“头号杀手”，非洲猪瘟防控工作成为各级政府主要工作任务之一。

在落实传统防控措施的基础上，创建“非洲猪瘟无疫小区”是动物疫病区域化管理在我国生猪产业的成功实践，对非洲猪瘟常态化防控和生猪稳产保供具有重要意义。创建“非洲猪瘟无疫小区”标准很高，每个养殖场必须根据实际拿出设计方案，才有可能最终通过评估。创建无疫小区养殖场能够确保所有生产单元在统一生物安全体系下闭环运行，防“疫”于未然。

2022年，在湖南省衡阳县，信旺农牧发展有限公司通过严苛考评，成功创建非洲猪瘟无疫小区。预计到2022年底，该公司2022年生猪出栏总数可达15万头，比2021年增加2万头。2022年，农业农村部最新公布49个第三批国家级非洲猪瘟无疫小区名单，湖南7家企业入选（见表3-5），占比14.3%，数量位居全国第三。至今，全省累计创建国家级非洲猪瘟无疫小区9个；同时，今年还有8家企业成为“国家级非洲猪瘟无疫小区”预备队。建设无疫小区养殖场已成为现代化养殖企业的共识。在湖南，非洲猪瘟无疫小区创建的技术成果已经先后在株洲、岳阳、永州、衡阳等地的多家生猪养殖企业推广应用，取得了较好的社会效益和经济效益，加速了湖南生猪养殖企业的现代化转型升级，严格的防控体系在提高产能的同时，各种疫病发生率明显降低，生猪死亡率控制在合理范围，有力推动了湘猪产业的高质量发展。

表 3–5　　2022 年第三批国家级非洲猪瘟无疫小区（湖南省）

1	临澧天心种业有限公司无非洲猪瘟小区	湖南省常德市临澧县
2	唐人神集团股份有限公司（株洲市）无非洲猪瘟小区	湖南省株洲市芦淞区、渌口区和天元区
3	湖南鑫广安农牧股份有限公司（祁阳市）无非洲猪瘟小区	湖南省永州市祁阳市
4	永州新湘农格瑞农业有限公司无非洲猪瘟小区	湖南省永州市东安县
5	江永温氏畜牧有限公司无非洲猪瘟小区	湖南省永州市江永县
6	江华温氏畜牧有限公司无非洲猪瘟小区	湖南省永州市江华瑶族自治县
7	湖南信旺农牧发展有限公司无非洲猪瘟小区	湖南省衡阳市衡阳县

（二）政府扶持政策稳定

《湖南省人民政府办公厅关于促进畜牧业高质量发展的实施意见》提出："到2025年，全省生猪全产业链需新增产值1 000亿元，畜禽养殖规模化率达到70%以上，畜禽粪污综合利用率在80%以上，到2030年分别达到75%以上和85%以上。"当前几年，在"双疫"的叠加影响下，为了稳定生猪生产长效性，全力抓好生猪稳产保供工作，湖南省政府出台了一系列科学、精准、强劲的政策举措，通过政策引领、优惠补助等保证生猪生产的有序进行。

各市政府为养殖户提供生猪调出大县奖励资金、重大动物疫病扑杀补贴、生猪规模化养殖场病死生猪无害化处理补助、强制免疫等资金补助；生猪规模化养殖场建设补助专项、种猪场和规模猪场贷款贴息、能繁母猪保险和育肥猪保险、非洲猪瘟强制扑杀补助经费、生猪良种补贴项目、畜禽粪污资源化利用等项目。扶持政策的实施进一步提升了保障水平，降低养殖户养殖风险和养殖成本。

为了更好地保证生猪生产，2022年，湖南省农业农村厅、湖南省财政厅、湖南省地方金融监督管理局、中国银保监会湖南监管局联合发布《关于进一步加大金融支持力度促进生猪产业稳定发展的通知》，要求全省各部门、各金融机构要增强服务意识，采取有力措施，创新信贷服务、加大信贷与贴息支持，支持生猪企业化解风险、做大做强，稳定生猪产业发展。2022年三季度，在全国生猪行业大幅降价、生猪企业巨额亏损的情况下，湖南农行保持对生猪产业支持力度，合理管控风险，稳定生猪贷款投放，坚决不抽贷、不断贷，助力生猪产业平稳度过“寒冬”。到三季度末，湖南农行生猪贷款余额为29.13亿元，较上年增加5.78亿元，同比增长6.39亿元，实现平稳增长。同时，湖南农行创新“智慧畜牧贷”产品，解决生猪企业担保难题。加大对本土生猪企业的支持力度，增加了本地猪企的授信额度及贷款投放。

（三）规模养殖模式多样化

畜禽养殖点多且面广，规模化是现代化生猪养殖的发展方向，养殖流程可控，保证了生猪健康安全。湖南省一直深入实施优质湘猪工程，建设畜牧业强省。通过政府颁布的产业发展扶持政策，鼓励人才引进，加强科技支撑，全省生猪养殖业向标准化规模养殖逐步推进，全省生猪规模养殖比重已高出全国平均水平。

2014年，湖南省永州市引进了温氏集团，采取“公司+现代养殖小区+家庭农场”的养殖模式，温氏提供种苗、技术、药物、饲养、销售等一条龙服务，并保价回收生猪，温氏集团成为永州市的主要生猪合作企业。2022年，温氏生猪出栏196.33万头，约占全市出栏总量的24.78%。集团所采用的先进生物安全防范体系、疫病防控措施等，使其合作养殖户养殖稳定，受到非洲猪瘟等影响较小，养殖风险降低。随后，永州市持续引进正大、正邦、佳和、新五丰、双胞胎、新希望六和、鑫广安等养殖龙头企业，进一步推广了“公司+农户”现代养殖模式，生猪规模养殖逐步壮大，促进生猪生产。

唐人神集团作为株洲市的畜牧业上市企业，为株洲市的生猪产业发展做出了极大贡献。公司主要采用自繁自养和“公司+农户”的养殖模式，一方面，通过建设楼房养殖项目，发展大规模自繁自养业务，解决南方土地制约问题；另一方面，租赁育肥场进行育肥业务，为农户提供猪苗、饲料、疫苗等，农户按照公司技术标准与要求将仔猪育成后，由公司统一对外销售，并按照市场行情支付农户代养费用。

（四）地方特色凸显

湖南是生猪养殖大省，生猪产业是湖南省农业经济的重要支柱产业，生猪出栏率居全国前列。湖南省内各生猪生产大县中，已发展成为具有地方特色的生猪产业集群。各地区根据自身优势，促进生猪生产“特色化”。

长沙县积极发展国家地理标志产品大围子猪，建立了“大围子猪”品种保护、繁育、养殖、屠宰、加工、销售全产业链与特色产业体系，全力打响大围子猪特色品牌，力争到2025年形成年出栏大围子猪及良杂猪40万头以上、年产值达26.5亿元以上的特色地方猪。

宁乡猪作为宁乡市的特产，2010年被原农业部实施农产品地理标志登记保护，被称为国家重要的家畜基因库。全国除西藏、台湾外，其余省、自治区、直辖市均引进宁乡猪，省内则几乎遍及各地，尤以益阳、桃江、安化、涟源、湘乡、黔阳、邵阳等地引入较多。近年来，宁乡以“一县一特”为引领，全力培育宁乡花猪品牌，逐步形成“产业链条全、融合程度深、科技含量高、品牌影响大”的“土特产”高质量发展格局，赋能宁乡市生猪产业发展。

湘潭是优质湘猪重要生产基地。沙子岭猪是“华中两头乌”优良品种，也是湘潭生猪产业持续发展的原动力。2014年，沙子岭猪列入国家畜禽遗传资源保护名录，享受“国保”待遇。近年来，沙子岭猪走“保种与开发相结合”之路，种群不断扩大，全市年出栏沙子岭猪及配套系湘沙猪逾40万头。2020年开始，湘潭沙子岭猪特色产业领衔湘猪产业集群，列入国家首批优势特色产业集群项目支持范围。目前，全市有500余家企业（合作社，家庭农场）养殖沙子岭猪及其杂优猪，累计年出栏量约30万头。

怀化市、湘西州地方猪品种湘西黑猪，已作为湖南省的优良地方猪品种之一，因群体体质结实，繁殖力、适应力强等特征，适合山区饲养。1982年湘西黑猪被认定为湖南省地方猪优良品种，2006年被列为《国家级畜禽遗传资源保护名录》34个猪品种之一，2007年5月入选国家种质资源基因库。2015年湘西州成功将“湘西黑猪”注册为国家地理标志证明商标，并将湘西黑猪遗传资源保护和精准扶贫紧密结合，积极探索并推行“企业+合作社+村支两委+贫困户”的“131”黑猪养殖诚信扶贫模式和“公司+合作社+家庭牧场”的“236”产业模式，大力发展湘西黑猪产业，带动贫困户精准脱贫。怀化市政府也积极参与湘西黑猪种质资源与育繁体系建设，通过建设大数据育种中心、湘西黑猪生态养殖基地等措施，为湘猪产业集群发展添砖加瓦。

二、现实挑战

（一）养殖成本持续上升

2022年2月，俄乌冲突的爆发导致全球粮食供应受到冲击。作为我国玉米重要来源国的乌克兰，由于黑海等港口被封锁，粮食海运停滞，出口量锐减。同时，受拉尼娜现象影响，位于太平洋西部的南美洲各国干旱加剧，造成玉米和大豆产区不同程度的减产。多重因素影响下，全球玉米、大豆市场供应趋于减少，全年玉米、豆粕价格节节抬升，饲料价格持续高企，导致生猪饲养成本不断攀升。据全国重点农产品市场信息平台数据，2022年12月，全国规模养殖每头成本2 291元，环比下降0.3%，结束连续9个月的环比增长，同比上涨11.8%，与2022年2月最低成本1 891元相比，头均成本增加400元；全国散养生猪每头成本2 369元，环比上涨0.1%，连续5个月环比上涨，同比上涨14.2%，近16个月最高成本，与2022年2月最低成本1 898元相比，头均成本增加471元。

2022年上半年猪价低迷，导致养殖连续5个月出现亏损。但自5月以后，随着猪价的上涨，养殖利润由负转正，最高位达到每100公斤收益1 095元，缓解了部分养殖成本上升的压力。但进入11月，集团场冲量，叠加压栏肥猪的大量出栏，需求没有明显增加的情况下，猪价再度下跌。在生猪供需矛盾有限的情况下，养殖成本将形成一定的支撑，如果猪价持续低迷，部分养殖户将会选择退出市场，从而对生猪供应产生影响。

（二）疫情形势依然严峻

全省对生猪疫病防控工作高度重视，加大了投入力度，尽量缩小生猪疫情影响范围，降低经济损失，但生猪疾病仍呈复杂化发展态势，防控压力依然严峻。受到生猪养殖方式、环境等因素的影响，部分生猪疫病病因多样，各种病原变异与重组速度加快，发病机理更加复杂，使生猪的诊疗和治疗的难度增加；一些老疫病虽然近几年很少发生，但还没有从根本上净源，只要稍有松懈就可能复燃。其次，生猪疫病的传播渠道多样，可通过调运、空气、中间宿主等不同形式进行传播，要将所有传播途径堵断难度很大。

一方面，养殖户防疫水平参差不齐导致疫病防控难。近年来，虽然湖南省规模化养殖程度提升迅速，但小规模、散户养殖场仍然占全省30%左右。这些养殖户防疫条件差，设施落后，观念淡薄。有的养殖户对动物接种疫苗有着错误的认知，疫苗对某种传染病具有保护作用，但是对其他的传染病没有保护作用，如果感染其他疾病也可造成严重的经济损失。有的养殖户认为免疫接种会增加养殖的成本，但不接种疫苗，给养殖业带来很大的风险。有些地区还存在家禽、牛羊等动物混养的情况，容易导致不同物种间的传播和变异。当猪群出现感染，一般养殖户很难及时发现，无法在第一时间对患病猪采取有效措施进行处理，隔离治疗等工作不能及时开展，增加了疫病在猪群中传播感染的风险，防治疫病的难度较大。

另一方面，动物防疫体系没有随着疫情、生猪产业规模扩大而加强，导致基层防控力量薄弱。动物防疫职能由畜牧水产事务中心承担，动物卫生监督职能又细分为日常监管、产地检疫、屠宰检疫、执法监督，分别由农业农村局不同股、站及执法大队承担，日常工作开展存在管理层级多，协调配合不通畅的问题。同时，很多基层乡镇无专职防疫人员，聘请的村级动物防疫人员普遍学历、专业技术水平低，年龄层次老化，无法满足日趋严格的动物疫情防控、畜牧稳产保供要求。

（三）楼房养猪尚不成熟

近年来，全省新建了一批高标准楼房养殖场，缓解了规模养殖选址用地难问题，但仍然存在一些需要优化和待解决的困境。

1. 楼房结构复杂，建设成本较高

楼房养猪楼层加高、墙体加厚、地面防腐防渗标准提高，施工要求提高；同时，湖南多为丘陵地区，地形较为复杂，地基处理成本相对较高，施工更为复杂。此外，新建的楼房养殖场，大多配备了自动饲喂、自动温控、自动排污等一系列自动化、智能化设施，使得建设成本大幅增加。如湖南龙华农牧发展有限公司认为，楼房养猪单位建筑成本较平层养猪提高20%~30%。

2. 养殖密度高，生物安全风险增大

楼房养猪猪群更为密集，内部生物安全更为复杂。楼板长时间受到粪污侵蚀，边角缝隙处容易发生渗漏，影响楼层之间的密闭性，造成疫病的交叉传播。其次，空气交叉污染、物料代入的防疫压力、排泄物的交叉感染、不同批次猪只的转运等都有可能带来流行性疾病的传播，生物安全风险防控难度相对较大。

3.后期运营存在隐患

为了疫情防控，养殖场内要进行高频率的消毒，这将会对设施设备造成腐蚀，设施设备的使用周期将缩短。其次，猪场荷载比普通民用建筑荷载要大很多，由于大多数猪场建在山林中，地基的不匀称沉降会导致楼板不同程度地开裂，从而造成渗漏，会引发生物安全的相关风险。如果渗漏长期存在，会对楼板钢筋产生腐蚀，产生结构安全隐患。再次，由于我国楼房多层立体猪场总体上尚处于探索阶段，建筑设计、工程施工、养殖流程等方面的国家或行业标准尚不完善，因此，楼房养殖的建筑设施大都没有办理相关建筑许可手续，没有进行建筑质量安全鉴定和监管，再加上如果施工单位资质不达标、工期紧张，建筑质量很难保证，在后期养殖过程中存在一定的安全隐患。

4.土地复垦较为困难

现行的《土地复垦条例实施办法》适用于生产建设活动的退出及复垦，但传统的生产建设活动多为地下或平面模式，平房养猪退出后，土地比较容易复垦和变更用途，楼房养猪退出之后，土地复垦以及用途面临较大障碍。

第三节　生猪生产未来发展

一、循环提升资源化利用水平

2022年，在新版《湖南省畜禽规模养殖污染防治规定》中明确指出，畜禽养殖场、养殖户是污染防治的责任主体，畜禽养殖的主要污染物来自养殖中产生的废弃物，如废水和粪污。但是，生猪养殖过程中产生的废水、废气等污染物如果没有经过无害化处理而直接排放，不仅对当地生态环境造成严重危害，也给生猪产业可持续发展产生阻碍，面临资源与环境的双重压力，发展循环农业成为必然选择。

循环农业将传统的单一养殖与废弃物的利用相结合，尽可能地实现能量的多级利用，旨在达到高产、优质以及高效的目的。确认循环农业中的物料平衡，以期能够挖掘循环农业废弃物资源化利用的成本节省而产生的直接效益，以及对环境产生的间接效益，以此作为减少原材料损失、提高资源利用率的数据依据。作为污染物排放比重大的生猪养殖产业，在治理环境污染、促进社会绿色发展的进程中，社会责任重大。以生猪养殖为主，利用沼气工程，实现物质循环流动的可持续发展农业，使猪场中产生的粪污，以及经发酵处理生成的沼气、沼渣和沼液得到进一步加工利用，重新参与到农业生产过程中，有效实现了物质的多级利用，最大程度地减少损耗，更好地实现“经济与环境”的双赢以及资源利用率的最大化。

二、数字赋能生猪产业转型升级

利用产业互联网思维，以数据为核心要素，实现全生命周期、全流程的数据采集、分析、决策、反馈等，让各阶段数据集成、流通、分析、应用，推动生猪产业高质量发展。

一是建设覆盖全省的湖南生猪数字化服务平台，整合牧云通、直联直报系统，实现数据的互联互通，解决数据收集、处理过程中重复操作、标准不一、信息孤岛等问题，实现全省生猪产业链数据的互联互通。

二是加快推进生猪产业大数据决策平台建设，实现生猪生产、交易、屠宰、加工、育种等环节的数据资源共享与整合，通过对关键数据的实时监测与管理，为生产管理、疫病防控、质量安全等的科学决策提供依据，科学引导生猪生产和销售。

三是大力推进智慧养殖建设，加快物联网技术、大数据、云计算、人工智能等现代信息化技术在生猪养殖中的应用与推广，改造传统饲养管理方式，建立智慧养殖实时监测与分析系统，集成数据的采集与转换、数据的有线与无线传输、数据的智能分析与处理以及对生产行为的智能干预和精确、精细饲喂，提高数字化、信息化和智能化水平。

第四章
牛羊产业年度分析

2022年2月22日，《中共中央 国务院关于做好2022年全面推进乡村振兴重点工作的意见》发布，即2022年中央一号文件。该文件指出，要保障“菜篮子”产品供给，加快扩大牛羊肉和奶业生产，推进草原畜牧业转型升级试点示范。牛羊生产作为畜牧业的重要组成部分，牛羊肉是百姓“菜篮子”的重要品种。现阶段，全省牛羊养殖呈现明显的散养退出和规模养殖加速推进趋势，牛羊规模养殖场户数及出栏的数量都有较大程度的增加，为助推打赢脱贫攻坚战、实施乡村振兴战略做出了积极贡献。但由于肉牛肉羊产业基础差、生产周期长、养殖方式落后，生产发展不能满足消费快速增长的需要，牛羊肉供给面临一定压力。为促进肉牛肉羊生产高质高效发展，湖南省牛羊产业化工作在省委、省政府的领导和上级业务主管部门的指导下，牛羊生产总体保持增长态势，规模化比重不断提高，生产水平逐步提升，对于增强湖南省牛羊肉供给保障能力，巩固脱贫攻坚成果，全面推进乡村振兴，促进经济社会稳定发展具有十分重要的意义。

本章通过对湖南省肉牛肉羊行业现状与市场的深入调查研究，根据行业的发展轨迹对未来的发展前景与趋势作了审慎的判断，为相关利益者进入肉牛肉羊行业投资布局提供了至关重要的决策参考依据。

第一节　牛羊产业的发展环境

湖南省牛羊地方品种资源丰富，拥有湘西黄牛、湘东黑山羊、马头山羊等省级以上保护品种，市场需求前景广阔。加上“粮改饲”、草牧业高质量发展、肉牛肉羊增量提质行动等政策利好，推动牛羊产业进一步发展，从传统畜牧业向现代畜牧业加速转型。

肉牛肉羊行业不仅承载着百姓致富的希望，更是产业兴旺的动力、生态治理的关键、小康路上的引擎，推动肉牛行业高质量发展显得尤为重要。近年来，我国农业农村部本着优供给、强安全、保生态的原则，加快转变畜牧业的发展方式。从政策演变趋势来看，国家出台了一系列产业政策规范开展养殖户的饲养经营活动，推动养殖往规模化、标准化的方向发展，进一步增强牛羊肉供给保障能力，进而引导肉牛肉羊养殖及牛肉羊肉深加工行业高质量高效发展。本报告梳理了2018—2022年国家层面部分牛羊产业政策（如表4-1所示）。

表4-1　2018—2022年国家层面有关肉牛肉羊养殖及牛肉羊肉深加工行业的政策

发布时间	发布部门	政策名称	重要内容解读	政策性质
2022-02-11	国务院	《“十四五”推进农业农村现代化规划》	实施基础母畜扩群提质和南方草食畜牧业增量提质行动，引导一批肉牛肉羊规模养殖场实施畜禽圈舍标准化、集约化、智能化改造	支持类
2022-03-01	农业农村部	《关于落实党中央国务院2022年全面推进乡村振兴重点工作部署的实施意见》	加快发展草食畜牧业。实施肉牛肉羊增量提质行动，开展草原畜牧业转型升级试点示范	支持类

续表

发布时间	发布部门	政策名称	重要内容解读	政策性质
2021-12-20	农业农村部	《“十四五”全国畜牧兽医行业发展规划》	实施肉牛肉羊生产发展五年行动，坚持稳定牧区、发展农区、开发南方草山草坡的发展思路，推进农牧结合、草畜配套	支持类
2021-04-20	农业农村部	《推荐肉牛肉羊生产发展五年行动方案》	到2025年，牛羊肉自给率保持在85%左右；牛羊肉产量稳定在680万吨、500万吨左右；牛羊规模养殖比重分别达到30%、50%	支持类
2021-04-26	农业农村部	《全国肉牛遗传改良计划（2021-2035年）》	力争通过15年的努力，建成比较完善的商业化育种体系，自主培育一批有国际竞争力的突破性品种，确保畜禽核心种源自主可控	支持类
2021-10-25	农业农村部	《全国兽用抗菌药使用减量化行动方案（2021-2025年）》	到2025年末，50%以上的规模养殖场实施养殖减抗行动	规范类
2020-03-31	农业农村部	《2020年畜牧产业扶贫和援藏援疆行动方案》	落实西藏牛业扶贫项目；提升“三区三州”草畜产业科技水平；培育四川凉山地方特色羊业；加强甘肃临夏肉羊产业科技培训；协助新疆南疆发展肉羊产业	规范类
2020-07-16	农业农村部	《全国乡村产业发展规划（2020-2025年）》	鼓励和支持农民合作社、家庭农场和中小微企业等发展农产品产地初加工，减少产后损失，延长供应时间，提高质量效益	支持类
2019-12-05	农业农村部	《关于促进家禽等养殖业发展增加肉蛋产品供应的通知》	实施好牧区畜牧良种补贴项目，推广肉牛肉羊优良品种，提高母畜繁殖效率和肉牛肉羊出栏率	支持类
2018-09-26	国务院	《乡村振兴战略规划（2018-2022年）》	着力稳定粮油、畜产品生产保障能力，发展节水型农业	支持类

注：相关内容来源于农业农村部

目前，我国各地区肉牛肉羊养殖及牛肉深加工行业发展以政策为引导，市场自主发展为主，大部分地区都未对行业发展进行具体规划，只有少数地区近年来开始对肉牛肉羊养殖及牛肉羊肉深加工发展进行细致规划。本报告梳理了2018—2022年湖南省部分牛羊产业政策（如表4-2所示）。

表4-2 2018—2022年湖南省有关肉牛肉羊养殖及牛肉羊肉深加工行业的政策

发布时间	发布部门	政策名称	重要内容解读
2022-02-01	湖南省委省政府	《关于做好2022年“三农”工作扎实推进乡村振兴的意见》	实施肉牛肉羊提质增量行动。支持家禽、牛羊集中屠宰，推动由活禽调运向冷鲜肉品调运转变
2021-07-13	湖南省人民政府办公厅	《关于促进畜牧业高质量发展的实施意见》	特色牛羊产业重点发展湘西黄牛、湘中黑牛、湘南黄牛、湘北肉牛肉羊、湘东黑山羊5个优势牛羊产业区
2021-03-29	湖南省委省政府	《关于全面推进乡村振兴加快农业农村现代化的实施意见》	培育壮大牛羊、特色家禽产业。优化畜禽屠宰产能布局，支持养殖主产区和大型养殖企业发展畜禽屠宰加工

注：相关内容来源于湖南省农业农村厅

第二节 肉牛肉羊产业发展现状

湖南省严格落实肉牛肉羊稳产保供省负总责和“菜篮子”市长负责制，出台产业发展政策措施，科学引导畜牧业生产，畜牧业综合实力显著增强。2022年，全年猪、牛、羊、禽肉类总产量577.3万吨，比上年增长3.1%。其中，牛肉产量21.6万吨，增长1.4%；羊肉产量

18.2万吨，增长4.0%。年末牛存栏441.8万头，增长1.5%；羊存栏801.4万只，增长3.4%。全年牛出栏183.1万头，增长1.3%；羊出栏1 101.4万只，增长3.5%。

通过政府引导、政策激励、科技支撑，全省畜牧业加快向标准化规模养殖转型升级。目前，湖南省牛羊养殖呈现明显的散养退出和规模养殖加速推进趋势。根据湖南省农业农村厅相关资料显示，当前，全省年出栏肉牛50头以上的规模养殖场达3 522个，出栏肉牛114.78万头，占全省出栏量的1/4强；年出栏肉羊100只以上的规模场达6 275个，占全省出栏量的四成多。

一、肉牛肉羊存栏情况

（一）肉牛存栏

根据农业农村部数据显示（见图4-1），2018—2022年以来，湖南省牛存栏量总体呈下降趋势，特别是2018年至2019年呈现断崖式下跌，从年604万头下降至483万头，年均增长率为-20.04%。2019年到2022年这段时间内，湖南省年末牛存栏数变化趋势趋于平稳，维持在480万头左右。

分区域来看（见表4-3），除2018年之外，2017年至2021年湖南省期末肉牛存栏数排名前三的依次是永州市、邵阳市、怀化市，这三个市总肉牛存栏数合计占全省总肉牛存栏数的比重在42.03%~44.17%。具体来看，2022年这三个市总肉牛存栏数合计占全省总肉牛存栏数的比重为38.51%。其中，永州市肉牛存栏数全省排名第一，为91.8万头，占2022年全省总肉牛存栏数的18.98%。

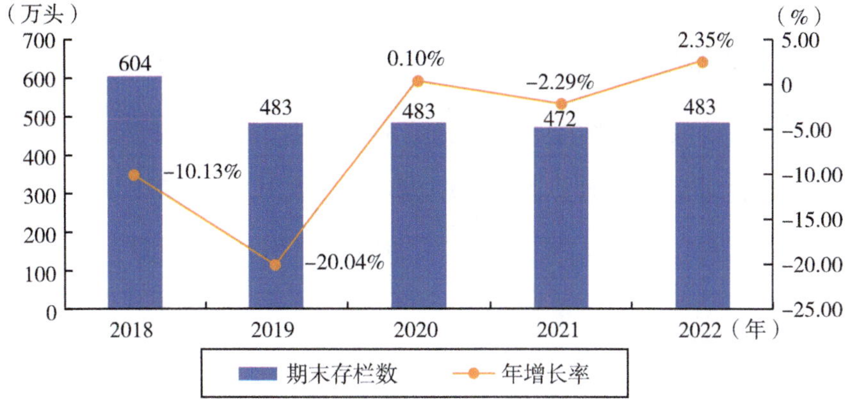

图4-1　2018—2022年湖南省肉牛存栏数变化趋势

表4-3　2018—2022年湖南省各市期末肉牛存栏数对比　（单位：十万头）

城市	2018年	2019年	2020年	2021年	2022年	均值
长沙市	0.95	0.88	1.04	1.13	1.16	1.21
株洲市	1.18	1.17	1.17	1.15	1.19	0.98
湘潭市	0.57	0.59	0.60	0.74	0.83	1.92
衡阳市	3.44	3.02	3.07	3.07	3.12	4.82
邵阳市	6.70	5.79	5.81	5.77	5.94	5.41
岳阳市	4.95	4.39	4.08	3.25	3.27	4.22
常德市	3.90	3.74	3.97	4.07	4.14	2.73
张家界市	1.36	0.99	1.33	1.39	1.39	1.96
益阳市	3.77	1.83	1.86	1.99	2.03	3.42
郴州市	6.16	3.11	3.23	3.43	3.51	7.49
永州市	13.04	9.63	9.57	9.29	9.18	7.99
怀化市	5.83	5.90	5.40	4.89	3.51	5.05
娄底市	5.00	4.56	4.87	4.87	4.75	3.97
湘西土家族	3.53	2.68	2.32	2.17	4.36	3.15

注：数据来源于湖南省统计年鉴。

（二）肉羊存栏

根据农业农村部数据显示（见图4-2），2018—2022年以来，湖南省肉羊存栏量总体表现平稳，2019年出现一次明显下降，从810万头降至674万头，降幅达到16.75%，2020年后有显著回升，近两年维持在747万头的水平。

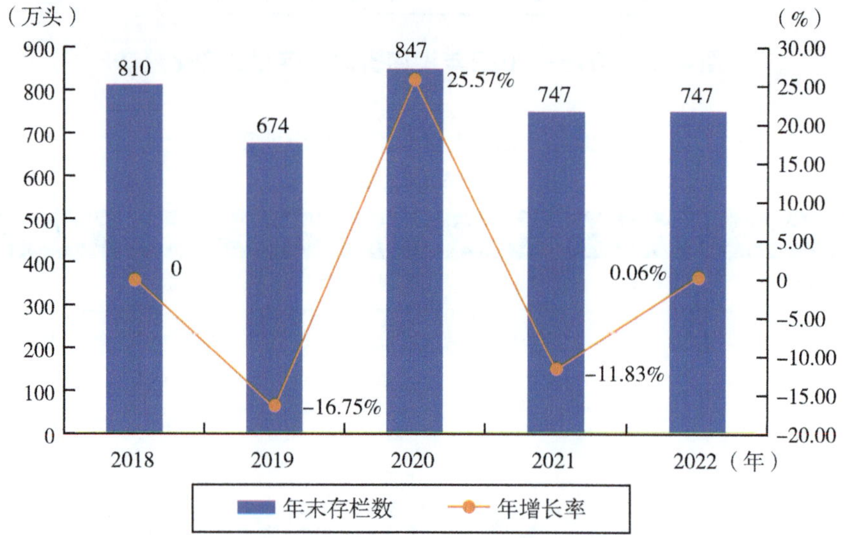

图4-2　2018—2022年湖南省肉羊存栏数变化趋势

分区域来看（见表4-4），受自然环境、饲草料资源及肉羊品种的影响，肉羊存栏的地区分布较为稳定，2018年至2022年湖南省肉羊存栏数最高的是常德市，年均125万头，占全省总肉羊年均存栏数（765万头）的比重为16.34%，其次是永州和湘西土家族。

表 4-4　　湖南省各市近 5 年期末肉羊存栏数对比　　（单位：头）

城市	2018 年	2019 年	2020 年	2021 年	2022 年	均值
长沙市	381 119	335 124	355 075	491 603	513 213	415 227
株洲市	497 972	489 213	497 337	505 817	513 549	500 778
湘潭市	166 644	167 822	877 286	130 946	143 029	297 145
衡阳市	624 588	537 551	581 235	574 924	594 795	582 619
邵阳市	543 198	572 427	597 024	591 420	629 708	586 755
岳阳市	426 222	407 218	407 455	422 174	433 745	419 363
常德市	1 272 126	1 143 216	1 304 761	1 314 282	1 235 413	1 253 960
张家界市	192 190	185 037	196 051	197 000	203 339	194 723
益阳市	466 834	377 514	831 200	434 961	450 971	512 296
郴州市	520 296	383 929	413 610	413 741	427 258	431 767
永州市	763 161	703 248	728 004	770 195	801 104	753 142
怀化市	573 261	605 910	695 297	637 417	527 496	607 876
娄底市	376 115	381 973	553 847	535 237	537 744	476 983
湘西土家族	1 297 508	453 881	430 635	447 072	459 793	617 778

注：数据来源于湖南省统计年鉴。

二、能繁殖母畜规模情况

（一）肉牛能繁殖母畜规模

如图4-3所示，2018—2022年湖南省能繁殖母畜数量总体呈下降趋势，由2018年的283万头下降至2019年的218万头，年增长率为−22.95%。2019年之后，湖南省肉牛能繁殖母畜牧规模整体维持在218万头左右。

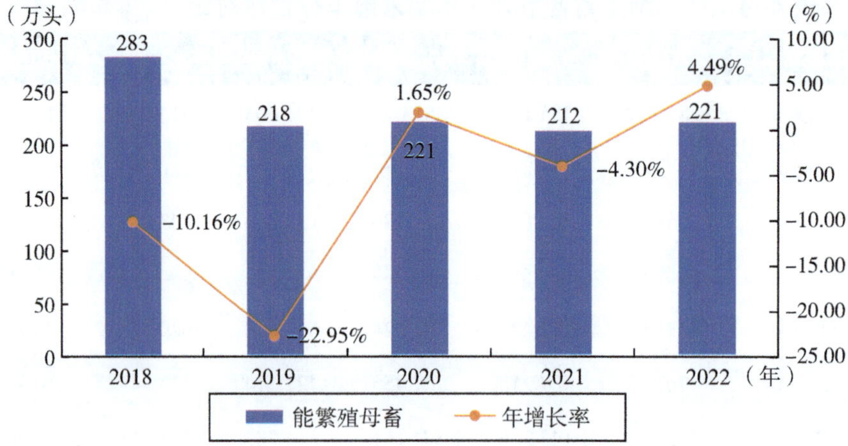

图4-3　2018—2022年湖南省肉牛能繁殖母畜数变化趋势

分区域来看（见表4-5），2018年至2022年间永州市、邵阳市能繁殖母畜数始终排名在湖南省第一和第二，第三名的位置一直处于变化中，其中，2018年郴州市超过岳阳市晋升至全省第三的位置，2019年至2021年，娄底市成为湖南省能繁殖母畜数排名第三的城市。2018年至2022年，排名前三位的市级总能繁殖母畜数合计占全省总能繁殖母畜数的比重在44.50%~48.22%。具体来看，2022年永州市、邵阳市、娄底市这三个市总能繁殖母畜数合计占全省总能繁殖母畜数的比重为43.09%。其中，永州市总能繁殖母畜数全省排名第一，占2022年全省总能繁殖母畜数的21.81%。

表4-5　湖南省各市2018—2022年肉牛能繁殖母畜数对比

（单位：万头）

城市	2018年	2019年	2020年	2021年	2022年	均值
长沙市	2.89	2.40	3.31	3.11	3.61	3.07
株洲市	5.96	5.91	5.69	5.76	5.69	5.80

续表

城市	2018年	2019年	2020年	2021年	2022年	均值
湘潭市	2.59	2.50	2.54	2.95	2.77	2.67
衡阳市	14.36	12.78	13.61	13.38	13.06	13.44
邵阳市	33.14	27.52	27.84	26.07	26.55	28.22
岳阳市	24.93	21.73	19.08	15.07	14.62	19.09
常德市	15.59	13.34	19.31	19.45	17.88	17.11
张家界市	4.21	3.75	4.02	3.80	3.85	3.93
益阳市	16.53	7.39	7.45	7.58	7.95	9.38
郴州市	29.68	12.52	12.94	13.13	13.95	16.45
永州市	66.85	51.71	52.39	50.31	49.16	54.08
怀化市	23.39	23.47	19.91	17.65	12.57	19.40
娄底市	26.90	22.39	24.92	25.80	23.48	24.70
湘西土家族	15.74	10.43	8.43	7.87	15.69	11.63

注：数据来源于湖南省统计年鉴。

（二）肉羊能繁殖母畜规模

如图4-4所示，2018—2022年湖南省肉羊能繁殖母畜数量有小幅震荡，在2019从326万头下降到292万头，2020—2021年后持续回升，2022年再次下跌。

分区域来看（见表4-6），2018年至2022年间，能繁殖母畜数最高是常德市，占比23.93%；其次是永州，占比12.92%，属湖南省重点产羊区域。

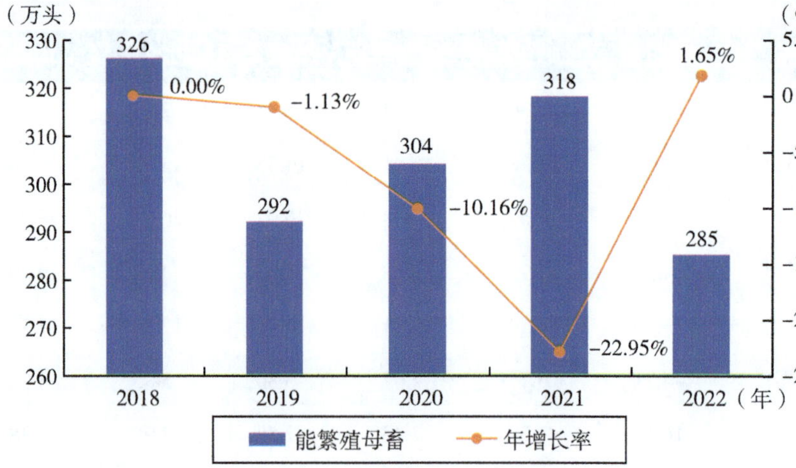

图4-4 2018—2022年湖南省肉羊能繁殖母畜数变化趋势

表 4-6 湖南省各市 2018—2022 年肉羊能繁殖母畜数对比

（单位：头）

城市	2018年	2019年	2020年	2021年	2022年	均值
长沙市	169 565	142 622	137 463	156 666	58 369	132 937
株洲市	686 57	70 178	67 913	64 218	95 854	73 364
湘潭市	101 802	99 612	118 002	88 771	50 952	91 828
衡阳市	288 907	250 209	184 426	174 270	249 611	229 485
邵阳市	263 085	278 470	296 499	291 281	272 796	280 426
岳阳市	205 123	131 106	114 292	119 867	119 042	137 886
常德市	695 166	672 695	773 986	788 675	722 225	730 549
张家界市	77 791	74 995	81 845	79 717	79 767	78 823
益阳市	257 157	182 257	198 370	187 020	195 135	203 988
郴州市	211 389	170 266	179 292	200 339	186 542	189 566
永州市	364 416	375 702	390 087	410 542	429 530	394 055
怀化市	197 673	231 259	271 056	268 460	27 482	199 186

续表

城市	2018年	2019年	2020年	2021年	2022年	均值
娄底市	119 079	80 179	101 087	192 898	201 368	138 922
湘西土家族	237 096	158 372	124 478	160 672	166 315	169 387

注：数据来源于湖南省统计年鉴。

三、肉牛肉羊出栏规模情况

（一）肉牛出栏规模

随着以牛肉为主的高档肉制品产量需求的增加，我国各地纷纷布局肉牛产业，出台了肉牛养殖业的相关鼓励政策，肉牛繁殖在我国逐渐快速发展起来。目前，湖南省的年肉牛出栏量在228万头左右。从区域布局和肉牛存栏量看，永州市、邵阳市、怀化市的区域分布已经形成。

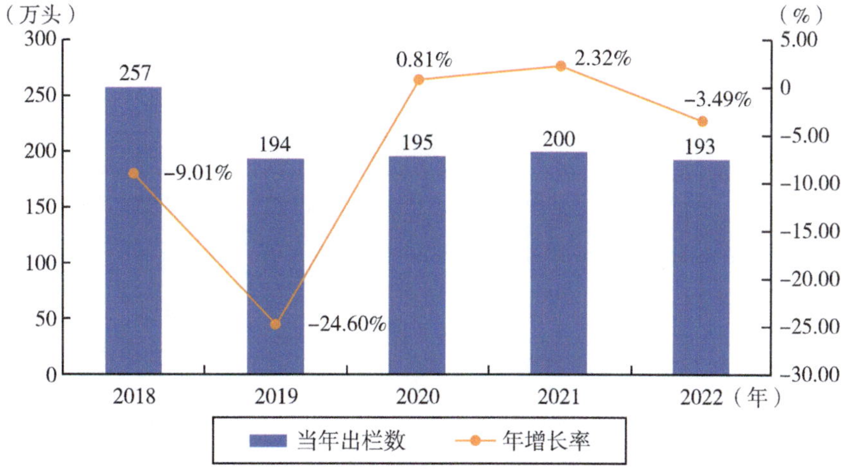

图4-5　2018—2022年湖南省肉牛出栏量变化趋势

具体来看，2018—2022年湖南省肉牛的出栏量由257万头降至194万头，年增长率为-0.91%。2018年到2019年，湖南省肉牛出栏量呈显著下降趋势，2019年之后相对平稳，维持在196万头左右。

分区域来看（见表4-7），除2018年之外，2018年至2022年湖南省期末肉牛存栏数排名前三的依次是永州市、邵阳市、怀化市，这三个市总肉牛存栏数合计占全省总肉牛存栏数的比重在42.03%~44.17%。具体来看，2022年这三个市总肉牛存栏数合计占全省总肉牛存栏数的比重为42.25%。其中，永州市肉牛存栏数全省排名第一，占2021年全省总肉牛存栏数的19.67%。

表4-7　湖南省各市2018—2022年肉牛出栏量对比

（单位：万头）

城市	2018年	2019年	2020年	2021年	2022年	均值
长沙市	6.09	6.17	6.26	6.42	6.57	6.30
株洲市	5.13	5.10	5.19	5.44	5.70	5.31
湘潭市	3.09	2.72	2.96	2.90	2.95	2.93
衡阳市	14.84	12.90	11.87	11.80	12.30	12.74
邵阳市	32.28	24.52	24.46	23.61	25.69	26.11
岳阳市	22.97	19.30	18.53	15.50	16.10	18.48
常德市	19.34	15.94	17.34	17.87	17.56	17.61
张家界市	4.16	3.94	4.77	4.73	4.65	4.45
益阳市	20.61	8.49	7.79	8.88	9.01	10.95
郴州市	24.07	11.55	10.79	13.06	13.93	14.68
永州市	51.75	40.52	39.25	40.10	41.46	42.62
怀化市	19.85	16.58	19.09	21.26	15.78	18.51

续表

城市	2018年	2019年	2020年	2021年	2022年	均值
娄底市	22.89	18.89	19.73	21.30	22.52	21.06
湘西土家族	9.62	6.93	7.08	6.77	13.25	8.73

注：数据来源于湖南省统计年鉴。

（二）肉羊出栏规模

为推动湖南省畜牧业高质量发展，提升牛羊肉产品供应能力，繁荣农村经济，助推乡村振兴，近两年湖南省通过项目带动、示范创建和种质培育等措施，牛羊产业呈现量价齐涨喜人形势，农民养殖积极性大幅提升，牛羊肉供给能力明显增强。如图4-6所示，2018—2022年湖南省肉羊的出栏量出现稳步增长的态势。

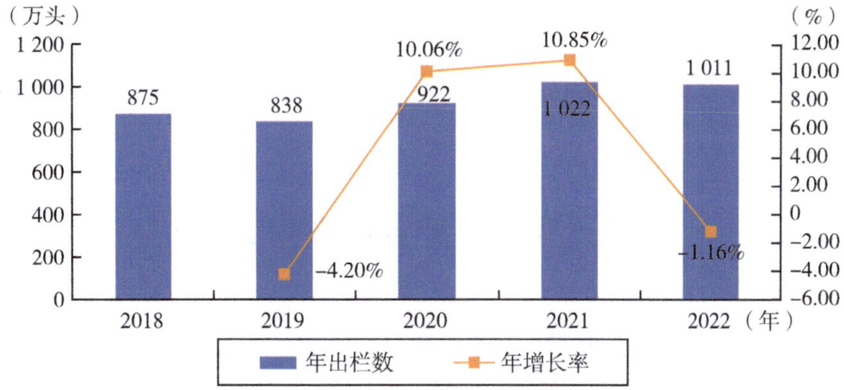

图4-6　2018—2022年湖南省肉羊出栏量变化趋势

分区域来看（见表4-8），2018—2022年的数据显示，全省出栏数最高是常德市，占全省19.70%，其次是永州和衡阳，占比分别为10.39%和8.32%。

表 4-8　　湖南省各市近 5 年肉羊出栏量对比　　（单位：头）

城市	2018 年	2019 年	2020 年	2021 年	2022 年	均值
长沙市	610 399	312 395	398 426	634 979	674 810	526 202
株洲市	644 875	626 981	637 865	674 541	681 934	653 239
湘潭市	166 912	171 505	187 470	165 962	159 776	170 325
衡阳市	757 782	696 513	763 629	818 074	851 175	777 435
邵阳市	606 817	639 964	675 756	786 523	795 290	700 870
岳阳市	501 152	540 355	556 134	543 899	553 927	539 093
常德市	1 850 060	1 810 116	1 809 700	2 003 121	1 723 668	1 839 333
张家界市	243 573	254 997	276 799	313 100	320 423	281 778
益阳市	535 997	499 408	483 987	611 020	642 292	554 541
郴州市	529 845	529 992	560 273	579 749	613 611	562 694
永州市	847 097	858 578	964 286	1 066 754	1 109 735	969 290
怀化市	569 467	553 881	750 535	824 280	740 256	687 684
娄底市	362 687	423 256	639 705	707 923	725 289	571 772

注：数据来源于农业农村部。

第三节　牛肉羊肉供需分析

一、牛肉和羊肉消费量

随着湖南省居民消费水平的提高，牛肉和羊肉的需求量不断增加，牛羊肉市场供需平衡格局趋紧。根据图 4-7 可知，2016—2021 年湖南省城镇居民人均牛肉消费量均值为 1.5 千克，整体呈“M”形波动态势。其中，2022 年，湖南省人均牛肉消费量为 1.5 千克，较 2016

年增长了66.67%。同样，2016—2021年湖南省城镇居民人均消费量均值为0.5千克，整体也呈“M”形波动态势。其中，2022年，湖南省人均羊肉消费量为0.5千克，较2016年增长了25%。

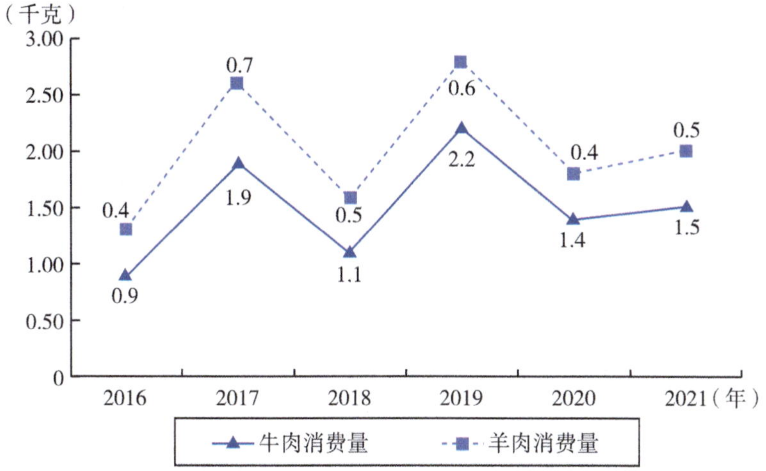

图4-7　2016—2021年湖南省城镇居民家庭人均牛肉和羊肉消费量

二、牛肉和羊肉产量

根据图4-8所示，2016年至2017年湖南省牛肉产量上升了2.48个点，2017年至2019年湖南省牛肉产量达急剧下降，从2017年的36.2吨降至2019年的24.94吨，在这之后呈现缓慢上升趋势，2021年和2022年分别为25.78吨和25.27吨，同比降低1.96%。

分区域来看（见表4-9），2018年至2022年湖南省牛肉产量排名前三的分别为永州市、邵阳市、娄底市，这三个市总牛肉产量合计占全省总牛肉产量的比重在42.40%~44.94%之间。其中，娄底市除了在2018年排名第三之外，其他年份均排全省第二。

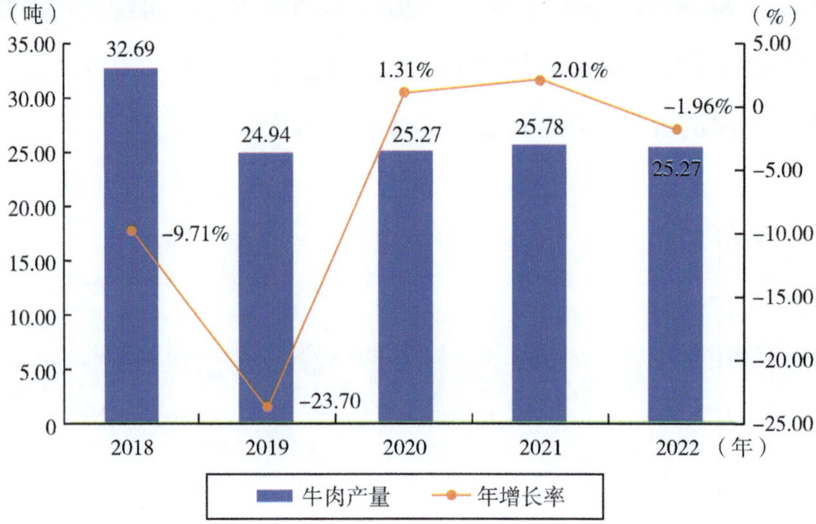

图 4–8　2018—2022 年湖南省牛肉产量变化趋势

表 4–9　湖南省各市 2018—2022 年牛肉产量对比（单位：万吨）

城市	2018 年	2019 年	2020 年	2021 年	2022 年	均值
长沙市	0.76	0.77	0.79	0.96	0.90	0.84
株洲市	0.65	0.64	0.65	0.73	0.73	0.68
湘潭市	0.39	0.38	0.40	0.53	0.52	0.44
衡阳市	1.75	1.65	1.51	1.44	1.45	1.56
邵阳市	3.99	2.94	2.89	2.78	2.99	3.12
岳阳市	2.92	2.44	2.40	2.06	2.08	2.38
常德市	2.47	1.91	2.22	2.11	2.18	2.18
张家界市	0.47	0.48	0.55	0.54	0.54	0.52
益阳市	2.85	0.92	0.91	1.28	1.33	1.46
郴州市	2.73	1.25	1.35	1.65	1.77	1.75
永州市	6.47	5.20	4.96	5.13	5.74	5.50
怀化市	2.68	2.48	2.72	2.33	1.89	2.42

续表

城市	2018年	2019年	2020年	2021年	2022年	均值
娄底市	3.40	3.07	3.11	3.40	2.61	3.12
湘西土家族	1.15	0.81	0.81	0.84	1.60	1.04

注：数据来源于农业农村部。

随着肉羊遗传改良技术的应用、良种推广工作的开展以及舍饲养殖和规模化养殖的持续推进，肉羊良种繁育体系进一步完善，肉羊生产性能稳步提高。总体来看，羊肉供给能力明显提升，羊肉市场供需呈现基本平衡状态。根据图4-9所示，2018年至2022年湖南省羊肉产量一直稳步上升。

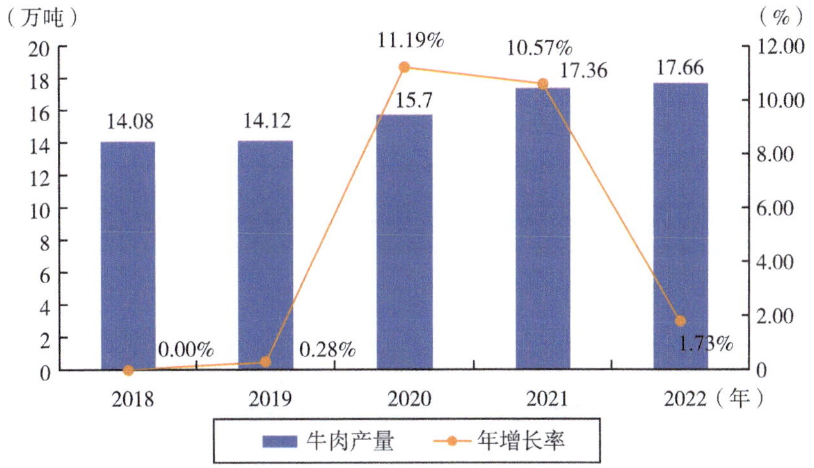

图4-9　2018—2022年湖南省羊肉产量变化趋势

分区域来看（见表4-10），常德市一直处于首位，占比19.90%；其次是永州和衡阳，分别占比10.71%和8.17%。

表 4-10　湖南省各市近 5 年羊肉产量对比　（单位：吨）

城市	2018 年	2019 年	2020 年	2021 年	2022 年	均值
长沙市	9 272.82	4 808.15	6 530.79	8 248.19	10 656.56	7 903.30
株洲市	10 172.62	9 591.97	9 752.47	10 466.77	10 730.60	10 142.89
湘潭市	3 661.6	3 982.7	4 567.8	3 529.4	3 143.7	3 777.04
衡阳市	11 903.28	12 794.5	12 629.84	13 663.6	13 721.3	12 942.50
邵阳市	9 874.49	10 875.84	10 938.9	12 614.98	13 345.94	11 530.03
岳阳市	7 133.79	7 983.54	8 116.96	8 023.39	8 345.58	7 920.65
常德市	30 036.93	29 460.1	31 903.1	34 741.47	30 929.1	31 414.14
张家界市	3 875.4	4 332.16	5 122.72	6 450	5 290.12	5 014.08
益阳市	8 735.8	8 202.4	7 740.92	10 037.4	10 839.56	9 111.22
郴州市	9 259.44	9 700.61	10 359.5	11 129.94	11 965.52	10 483.00
永州市	13 049.85	13 240.38	15 534.2	19 551.9	23 279.9	16 931.25
怀化市	9 208	9 741.5	12 544.6	14 257	11 723.60	11 494.94
娄底市	5 896.06	8 542.47	12 569.87	12 711.34	13 791.42	10 702.23
湘西土家族	8 693.81	7 931.59	8 681.79	8 209.78	8 883.84	8 480.16

注：数据来源于农业农村部。

第四节　肉牛肉羊产业收益分析

一、牛肉羊肉价格变动情况

（一）牛肉价格变动情况

特别在非洲猪瘟与新冠肺炎“双疫情”因素的影响下，牛肉产品的消费替代功能及营养价值功效逐渐显现。根据农业农村部数据，湖南省牛肉批发均价全年维持高位运行，每公斤54.24元。具体来看，湖南省牛肉价格从2016年的75.37元/公斤，上升到2022年的96.48元/公斤，总体呈现稳步上升趋势。其中，2016—2019年牛肉价格变化趋势较为平缓，在75.57元/公斤左右变化；而2019年之后，湖南省牛肉价格急剧上涨，由2019年的76.81元/公斤涨到2020年的93.78元/公斤，之后在95.8元/公斤左右变化，维持高位（见图4-10）。

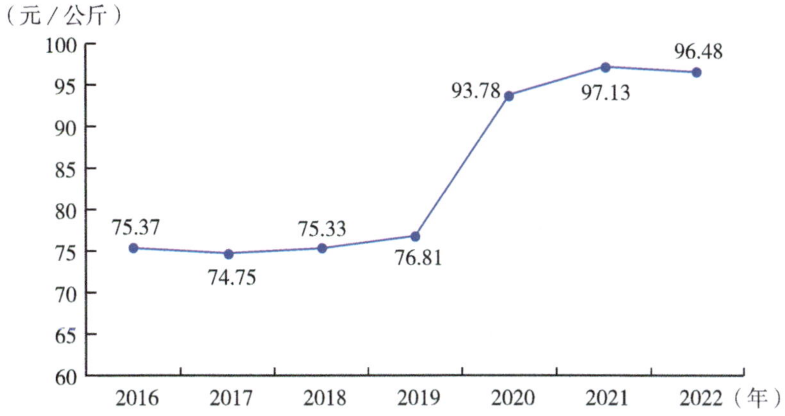

图4-10　2016—2022年5月湖南省牛肉价格变动情况

销售端价格水平具有周期性变化特征，一般临近春节假期，价格会大幅增长，春节过后价格水平有所回落。以2022年为例，2022年1月至12月的湖南省牛肉价格呈现“U”形变化态势，总体呈上升趋势。具体来看，2022年1月湖南省牛肉价格为97.89元/公斤，2022年12月湖南省牛肉价格为100.77元/公斤，增长率为2.94%。根据波动特点可以看出，除在2月有所上涨之外，湖南省牛肉价格在2022年1月至7月由97.89元/公斤下降至96.17元/公斤，整体呈下降变化趋势。而在2022年7月之后，湖南省牛肉价格呈现稳步上升的变化趋势，从7月的96.17元/公斤上升至12月的100.77元/公斤，增长率为4.81%（见图4-11）。

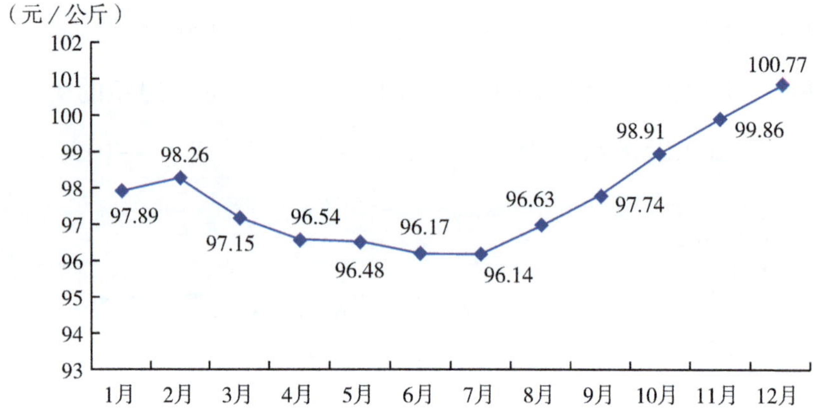

图4-11　2022年1月至12月湖南省牛肉价格变动情况

（二）羊肉价格变动情况

根据农业农村部数据显示，2016—2018年价格有所下跌，2019年开始回升，2020年增幅较大，会继续出现平稳增长的态势（见图4-12）。

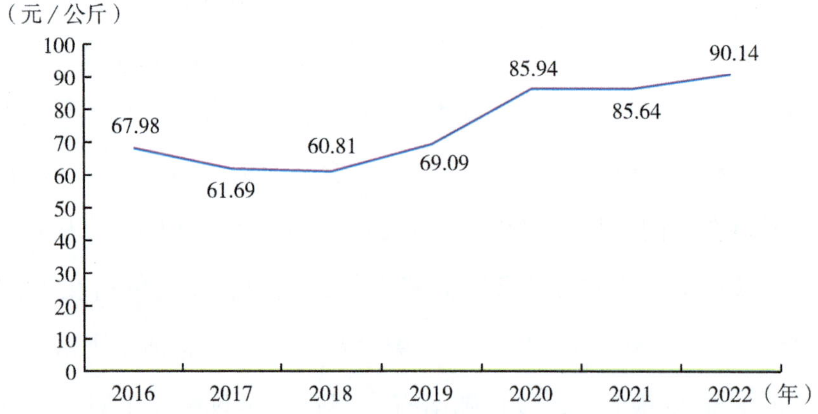

图4-12　2016—2022年5月湖南省羊肉价格变动情况

以2022年为例，2022年1月至12月的湖南省羊肉价格呈现“U”形变化态势，总体呈上升趋势。具体来看，2022年1月湖南省羊肉价格为90.14元/公斤，2022年12月湖南省羊肉价格为93.55元/公斤，增长率为3.78%。根据波动特点可以看出，除在2月有所上涨之外，湖南省羊肉价格在2022年1月至7月由90.14元/公斤下降至87.79元/公斤，整体呈下降变化趋势。而在2022年7月之后，湖南省羊肉价格呈现稳步上升的变化趋势，从7月的87.79元/公斤上升至11月的93.55元/公斤，增长率为6.56%（见图4-13）。

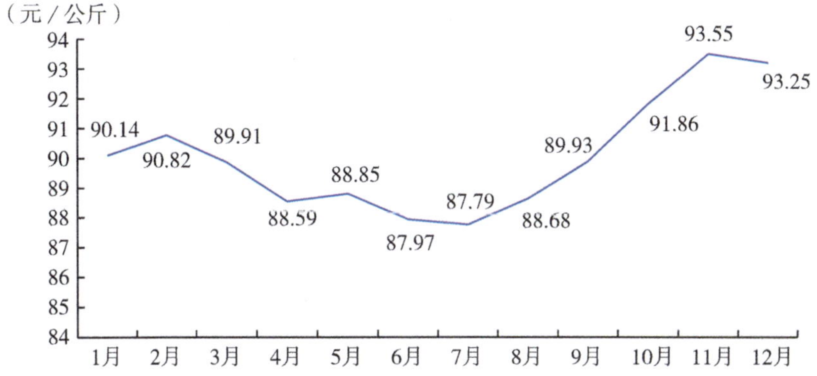

图4-13　2022年1月至12月湖南省羊肉价格变动情况

二、牛肉羊肉交易量

（一）牛肉交易量情况

根据农业农村部数据显示，2016—2021年以来，湖南省牛肉交易量总体呈波动变化趋势，特别是2017年至2019年处于高峰，交易量维持在142 807公斤左右。2019年之后呈现断崖式下跌，从2019年

145 981.48公斤下降至2021年的106 301.3公斤。虽然2022年有所回升，但是幅度不大，相比2016年的101 519.46公斤，2021年上升了8.94%（见图4-14）。

图4-14　2016—2022年5月湖南省牛肉交易量变动情况

以2022年为例，2022年1月至12月的牛肉交易量呈现上下波动且幅度较大，总体呈下降趋势。具体来看，2022年1月湖南省牛肉交易量为123 021.76公斤，2022年12月湖南省牛肉交易量为87 867.55公斤，增长率为-28.58%。根据波动特点可以看出，2022年的3月、6月和9月均处在牛肉交易量的峰值（见图4-15）。

（二）羊肉交易量

根据农业农村部数据显示，2016—2021年以来，湖南省羊肉交易量总体呈倒"U"形，2016—2019年持续走高，2019年达到最高峰，后持续下降，2022年开始有明显回升（见图4-16）。

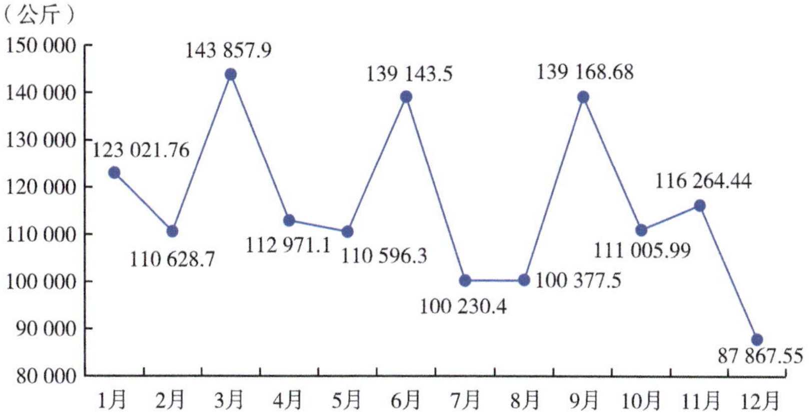

图4-15　2022年1月至12月湖南省牛肉交易量变动情况

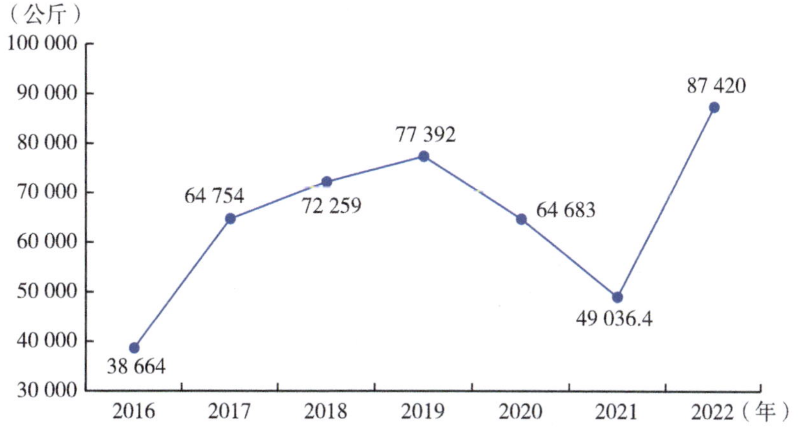

图4-16　2016—2022年1月湖南省羊肉交易量变动情况

以2022年为例，2022年1月至12月的羊肉交易量呈现上下波动且幅度较大，总体呈下降趋势。具体来看，2022年1月湖南省羊肉交易量为87 420公斤，2022年12月湖南省羊肉交易量为54 312公斤，增长率为-37.87%。根据波动特点可以看出，2022年的3月、6月和9月均处在羊肉交易量的峰值（见图4-17）。

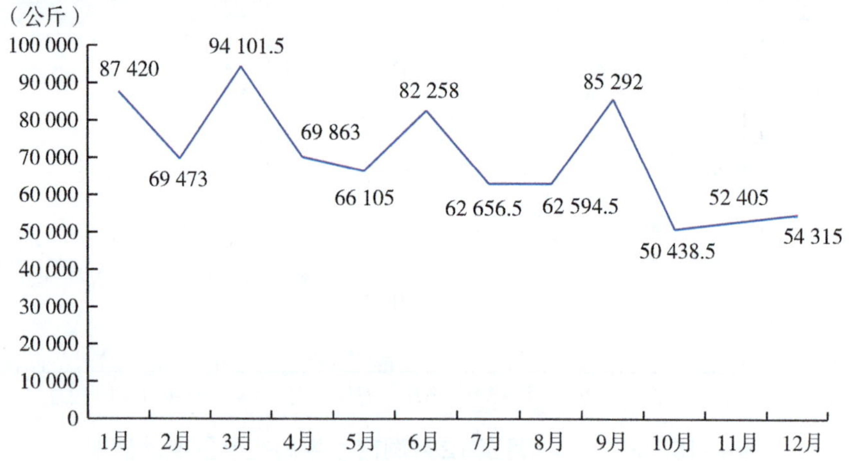

图4-17　2022年1月至12月湖南省羊肉交易量变动情况

第五节　牛羊产业发展存在的问题

一、产业化水平低

有许多规模达到备案标准的养殖场仍停留在家庭作坊阶段，“夫妻经营”“父子经营”居多，家庭成员就是养殖场的全部工作人员（扈鹏帅和温建成，2023）。缺乏专职兽医、专业饲养管理人员，各功能区区分不严格、间距不达标，配建设施不完善；以经济效益最大化为目标，不重视牛羊产品质量安全和生态环境保护，未申请取得相关证件。主要表现为牛羊产业工业化、工厂化、规模化水平低。特别是能形成一定规模和带动效应的加工龙头企业数量少，牛羊产品生产、精深加工的产业链条还没有很好地形成，企业与农户利益连接不紧密，不能有效形成“企业+基地+农户”的利益均沾、风险共担的利益共同体，造成市场竞争乏力，产销衔接不畅，直接影响了牛羊产品的附加值和综合效益，制约了牛羊产业的快速长远发展（吴晶等，2023）。

二、资金严重缺乏

基于目前的发展状况来看，在市场经济的大背景下，以政府为主导是促进我国畜牧养殖技术推广工作不断发展的关键，政府的相关政策和资金的扶持决定整个推广工作的运行（刘玉凤和钟镇涛，2023）。所以，以我国的社会主义市场经济的发展为基础要突出养殖技术推广的公益性特点，在政府政策资金的扶持和监督管理下，促进对各项资源的合理利用。另外，还要加大对畜牧产业的投资力度，保证对相关办公环境的改善和机器设备的更新，鼓励对相关农业技术的大力投资，保证技术推广工作能够有效发挥作用，更好地促进畜牧养殖产业的健康发展（胡俊杰，2022）。从调查的情况得知，很多农民对奶牛、肉牛和小尾寒羊的养殖愿望非常迫切，已有养殖场的还想再扩大规模，但苦于资金短缺。每年信用社发放的支农贷款期仅为6个月，没有畜牧业专项贷款。

三、科学饲养水平有待提高

大型养殖场招聘员工时，多数要求大专以上学历。然而很多乡村兽医、养殖场和动物运输从业人员文化程度偏低，为大专以下学历，对《畜牧法》《动物防疫法》等畜牧兽医行业法律法规了解不多，对畜禽养殖粪污资源化利用、防控重大动物疫病的重要性认识不足（陶嵘等，2023）。在农村，沿用传统习惯饲养畜禽的现象还很普遍。饲养各阶段，不是根据畜禽需要什么喂什么，而是有什么就喂什么，运用生物技术来降低成本、提高质量的还很少。粗放经营、品种更新换代不及时，都影响了养殖户的经济效益。发展牛羊产业的环境尚需进一步改善。受国家政策的影响，目前，土地已成为湖南省牛羊产业进一步发展的瓶颈，用地短缺、用地手续过于繁琐，导致牛羊企业很难扩大规模，限制了企业进一步发展。

四、人才储备不足

畜牧养殖技术推广工作的有效进行，高素质的专业人才是推广顺利的关键，相关部门要加大对养殖户的专业技能培训，形成多样化的培训方式，加大畜牧行业人才储备（司红彬等，2023）。

一是可以进行实际性的现场培训，深入基层开展专业的现场培训，加强相关养殖户的综合专业素质，引导相关人员积极融入畜牧养殖技术的推广工作中来，提高养殖技术，促进畜牧行业整体又好又快发展。

二是借助互联网信息技术，形成综合的数字化培训模式。可以开展多媒体专业技能讲座，宣传相应的专业技术推广政策，激发相关人员对学习养殖技术的积极性，促进综合推广工作效率的提高（董海霞，2023）。还可以建立线上培训专业平台，为养殖户提供专业的知识教育学习平台，促进畜牧养殖技术推广方式的不断改革创新，引导相关人员专业能力的提升，为养殖行业的经济发展保驾护航。

第六节　促进牛羊产业发展的建议

一、落实牛羊产业扶持政策，增加对牛羊产业的投入

建立完善牛羊产业化的扶持政策体系，加大宣传力度，增加财政投入，遵循以奖代补，先建后补及公开、公平、公正的原则，严格按标准，依程序兑现相关政策，落实养殖保险规模养殖保护，调动农民从事牛羊生产的积极性，鼓励返乡农民工畜牧创业，拉动畜牧经济的快速发展（刘焕文等，2023）。要采取多方融资的办法，解决牛羊产业发展资金的瓶颈问题。政府相关部门可通过设置专项补贴基金，或以政府担保协助养殖企业（户）获得低息贷款等，使养殖企业（户）有充足的资金引进优良种羊、扩建羊舍和提升污染处理水平等（董海霞，2023）。政府部门可重点扶持当地肉羊养殖龙头企业或规模化养殖场，协助其建立肉羊育种中心、肉羊深加工等链条；鼓励大型企业开展“公司+农户”方式进行肉羊养殖，以促进当地肉羊养殖业整体发展水平。此外，政府部门可联合高校、科研院所相关工作人员定期对养殖场（户）指导生产和疾病防控工作，以此提高养殖水平。

二、抓好牛羊产业基地建设，向专业化、规模化经营迈进

在新时代经济快速发展的大背景下，牛羊行业也要不断推广养殖技术，促进牛羊行业随着时代经济的发展不断改革创新（陶嵘等，2023）。但是，由于发展环境以及相关设施配置上的影响，在一定程度上导致牛羊行业养殖技术没有发生有效的改进，所以要结合现代发

展的特点，对牛羊行业养殖技术在施展过程中遇到的问题进行处理，促进牛羊行业的稳定健康发展。

一要在良种繁育、技术推广上下功夫。需政府牵头，建立基层冻配站（点），推广实用技术，提高改良繁育水平。

二要在技术调新、规模调大、示范作用调强上下功夫（张俊兰和邢桂玲，2023）。建立标准化、规模化，科技含量高的示范基地，通过绿色、安全、优质、高效的基地带动农户。

三要以市场为导向，在品种调优、效益调高上下功夫。适度培育和发展特种牛羊产业养殖，获取较高利润。

三、鼓励规模化发展，增强龙头企业带动能力

农业产业化的关键在龙头，要以加强龙头企业建设为重点，引导、扶持龙头企业进行技改和扩建，加速龙头企业发展（甘立菊，2023）。要利用湖南省各种有利条件和自然优势，引进一批农副产品加工企业，扩大牛羊企业群体规模。对首次认定的国家级、省级农业产业化龙头企业，由市财政分别给予20万元、10万元一次性奖励。支持企业上规入统，对符合条件的企业，可按规定享受市级“小升规”奖励政策。对特优农业领域专业镇内骨干企业营收规模首次达到1亿元、5亿元、10亿元的，由市财政分别给予20万元、30万元、50万元一次性奖励。对被评为省级专业镇规模化农业龙头企业的，积极争取省级奖励资金。积极探索龙头企业带动农户的有效组织形式，健全利益共享、风险共担的经营机制，共同抗御市场风险（吴晶等，2023）。

四、加速建立、健全社会化服务体系

一要进一步完善疫病防治服务体系及县、乡（镇）、村三级防疫网络体系，健全动物疫病控制体系及动物疫情测报和信息管理体系，制定重大疫病的防治预案，增强对动物疫病的快速反应和控制能力（刘焕文等，2023）。

二要健全信息网络系统和管理体系，直接为牛羊产业的生产提供供需和市场前景预测等项服务。通过信息网定期提供与牛羊生产有关的各方面的信息情况，以达到调整生产、稳定价格、减少风险的目的。

三要运用市场化运作的方法加快发展专业合作组织、中介组织和经纪人队伍，积极创办各类协会，为农民提供直接有效的服务。

四要加强对牛羊企业建设用地的规划和管理，确保牛羊企业用地指标的审批和土地使用费用的最大优惠（吴晶等，2023）。

第五章
家禽产业年度分析

第一节　蛋鸡产业发展形势

一、产蛋鸡存栏数量稳定，鸡蛋产量处近年高位

近几年来，湖南省产蛋鸡存栏量处于高位，且呈现出稳步上升趋势。鸡蛋产量提高，鸡蛋供应市场整体较为充足，呈阶段性稳中有增。由于新冠疫情散发、多发，居民鸡蛋囤积意愿强烈，鸡蛋消费增加，鸡蛋供给整体偏紧，3月一般是鸡蛋消费的传统淡季，但2022年3月“淡季不淡”，鸡蛋批发价较往年提前了1个多月上涨，鸡蛋价格持续上涨，蛋鸡养殖效益好，养殖户饲养积极性升高，是蛋鸡存栏量升高的主要原因。

（一）产蛋鸡存栏量有增长

自2019年非洲猪瘟泛滥以来，猪价不断上涨，迫使我国国民对于其他动物产品的需求量不断增高，在2020年，湖南省产蛋鸡存栏量从1月的3 501 518只增长到12月的3 606 937只，平均存栏量为

3 531 406只，尤其是在2021年体现得最为明显。根据中国畜牧业协会数据，2021年全国祖代蛋鸡93.81万套，其中祖代后备蛋种鸡存栏32.08万套，同比增加25.95%；全国祖代在产蛋种鸡存栏61.73万套，同比增长5.81%。在2021年，湖南省内的产蛋鸡存栏量从1月的3 550 423只上升至12月的4 121 399只，平均的存栏量为3 633 562只，2021年初的存栏量和年末相比增长了16%。与2020年的年均产蛋鸡存栏量相比，增幅约2%。2022年的产蛋鸡存栏量呈现“M”形变化趋势，从2月开始持续下降，从5月开始呈现持续上升，于11月达到峰值，为4 456 990只。在12月降至3 955 911只，2022年的平均产蛋鸡存栏量为4 044 937只，较上年增幅约为11%。

图5-1显示，2020—2022年，产蛋鸡存栏量每年都有不同的提升。由于2022年3月以后蛋鸡养殖持续盈利，尤其是三季度和四季度蛋鸡养殖盈利明显，养殖场户补栏积极性较高，四季度雏鸡销售明显增加，预计2023年上半年全国产蛋鸡存栏量将维持高水平增长，鸡蛋产量也再创新高。在产蛋量方面，2020年上半年呈现出小幅度的持续上涨，在下半年也出现了小幅度下降，平均产蛋量是5 377 052颗蛋。

（二）产蛋量升高较为显著

图5-2显示，在2021年，从4月开始，产蛋量呈现较为显著的升高，于12月到达峰值。年均产蛋量为5 487 235颗，相比2020年的增幅为2%。2022年的产蛋量呈现“V”形变化趋势，年初到4月呈现出较为显著的下降趋势，从5月到年末呈现出明显的上升趋势。平均产蛋量为6 233 111颗。较2021年增幅为13.6%，与2020年相比增幅为

16%。产蛋鸡群的最终生产性能往往取决于后备阶段的饲养和管理，后备母鸡育成的好坏直接影响蛋鸡饲养的效果好坏。

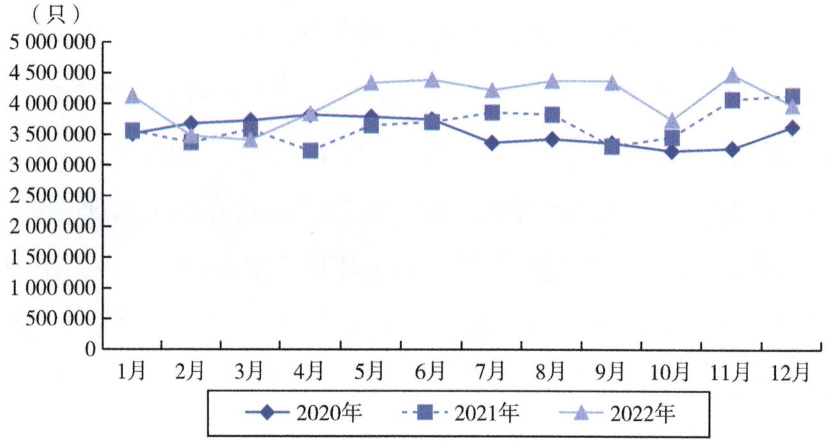

图5-1　2020—2022年湖南省产蛋鸡存栏数

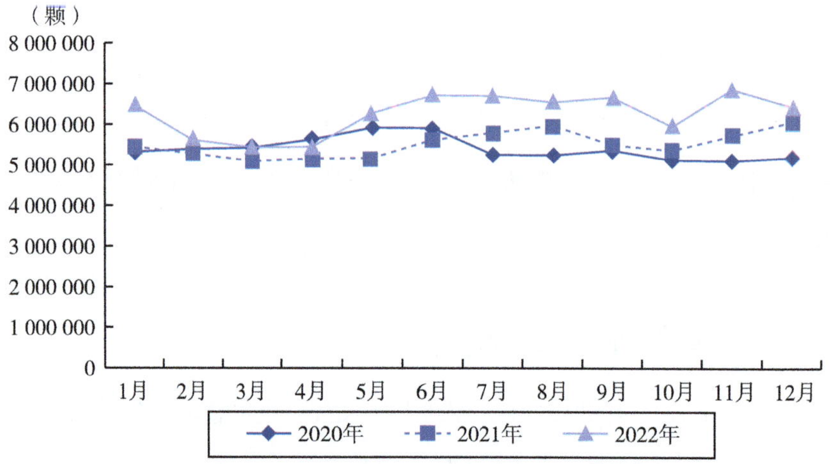

图5-2　2020—2022年湖南省鸡蛋总产量

根据图5-3统计数据，2020年的后备鸡存栏数量于1月为最高，之后呈现出不同程度的下降，在秋季和冬季呈现大幅下降，每月平均

511 535只。2021年后备鸡的数量分别在4月、7月、8月、9月和10月显著上升，平均每月514 705只，相比2020年涨幅约0.6%。2022年初和年末的后备鸡数呈现明显的上升，涨幅约25%。以上数据说明，全国产蛋鸡存栏量增加，鸡蛋产量处近年高位，受鸡蛋消费增加的影响，鸡蛋供给仍然偏紧，蛋价高位运行，蛋鸡养殖盈利明显，蛋品贸易保持顺差。中国是世界上最大鸡蛋生产国和消费国，蛋鸡产业发展壮大，产蛋鸡存栏增加，鸡蛋产量处于近年高位，自1985年，我国鸡蛋年产量和蛋鸡存栏量稳居世界第一，人均占有鸡蛋量远超全球平均水平，极大满足了居民鸡蛋需求。

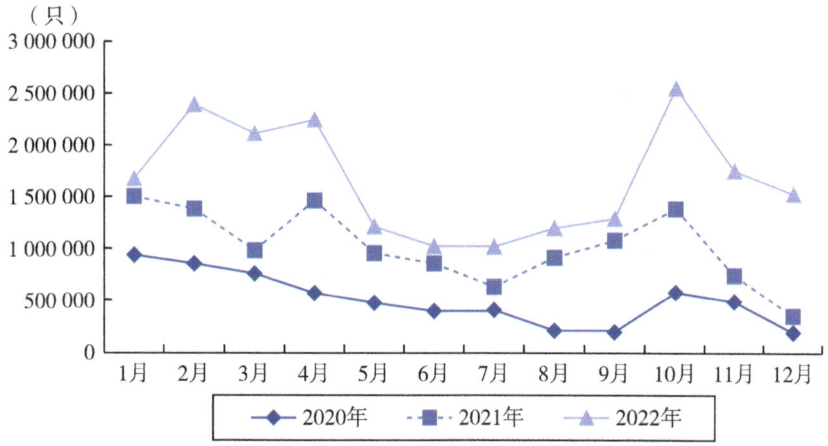

图5-3　2020—2022年湖南省后备鸡存栏数

二、蛋鸡养殖户数量稳步增长

近几年，我国蛋鸡养殖的规模化程度提升，养殖散户逐渐减少，万羽以上大型蛋鸡养殖场逐渐增加。因为我国信息化水平不断提升、环保要求不断提高、科技水平提高、现代化连锁餐饮和连锁零售的鸡蛋销售市场格局的形成，促使小规模养殖户加速退出，蛋鸡养殖规模化程度提升。规模化角度来看，蛋鸡养殖企业向规模化、集约化方向发展，规模化企业利润水平相比小规模养殖场或散养户的利润更高。在畜禽养殖规模化的大背景下，机械化成为蛋鸡产业提质增效、转型升级的关键，蛋鸡养殖机械化对劳动力的替代关系对于产业规模化发展及政策制定具有重要意义。大型蛋鸡养殖场的各种养鸡标准流程更加健全，免疫、饲喂和用药的精细化程度更高，自动化设备更全面，节省了人力劳动力，提升了蛋鸡产业的经济效益，还有助于鸡群的健康生长，提升了畜产品的质量，降低了养鸡风险。高度的规模化对于环境控制因素、商品蛋鸡不同饲养周期饲养管理的关键技术、蛋鸡生物安全措施提供了良好的环境，有效提高了蛋鸡的生产性能。

（一）存栏50只以上养殖户的数量显著提高

根据数据显示（见图5-4），全国范围内存栏规模2 000只以上的蛋鸡养殖场（户）共171 848个，其中10万只以下的中小规模蛋鸡养殖场（户）数量为170 819个，占比达到99.40%，2020年，湖南省蛋鸡养殖固定村的存栏50只以上蛋鸡养殖户数呈现出稳步上升趋势，年末相比年初的涨幅约9%。2021年，湖南省存栏50只以上蛋鸡养殖户的每月平均数为211户，对比2020年的增幅约为2%。2022年，湖南省存栏50只以上养殖户的数量显著提高，相比2021年的数量增长了约1.6%。以上数据可以看出，自2019年以来，蛋鸡养殖成本不断增加，尤其是饲料成本明显增加，近4年来增长了32%。养殖成本的增加会进一步加剧产业主体的优胜劣汰，传统小规模、相对落后的养殖方式会逐步被淘汰，未来将更多采用规模化、机械化、绿色生态的养殖方式。

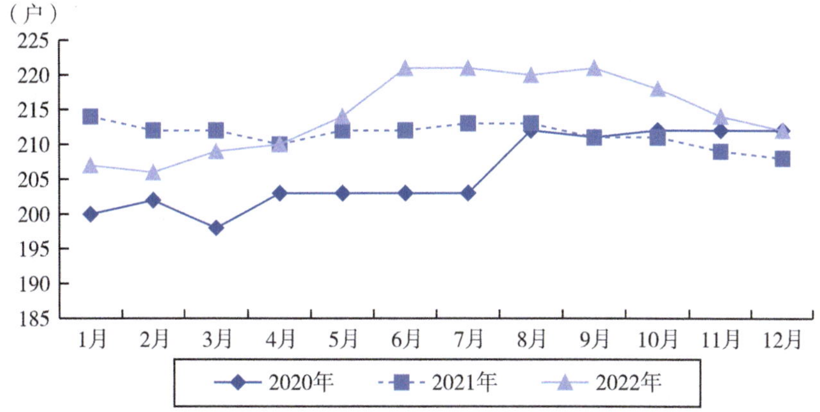

图5-4　2020—2022年湖南省存栏50只以上蛋鸡养殖户数

（二）蛋鸡养殖固定村的养殖户增多

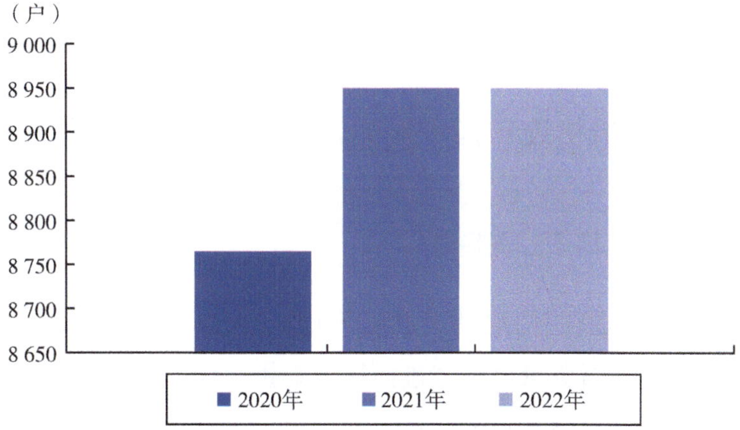

图5-5　2020—2022年湖南省蛋鸡养殖固定村的养殖户数

蛋鸡养殖固定村的养殖户也在增多（见图5-5），从2020年的8 765户增加到了8 950户，增幅约为2%。目前，伴随着蛋鸡产业规模化养殖程度的提升，我国的蛋鸡产业养殖水平不断提升，一是蛋鸡养殖规模和集中度不断提高，二是蛋鸡生产效率显著提升。2020年，湖南省蛋鸡养殖固定村的产蛋量呈逐月上涨趋势，年均产蛋量为1 552 497颗。2021年，蛋鸡养殖固定村的产蛋量于年初达到峰值，为1 724 953颗，年均产蛋量为1 624 724颗。2022年蛋鸡养殖固定村的产蛋量全年保持稳定水平，月均产蛋量为1 431 151颗。我国蛋鸡行业现已快速发展，成为我国农业农村经济发展的重要支柱产业之一。蛋鸡标准化、自动化养殖普遍全国，蛋鸡标准化、自动化养殖场主要采取了按标准化建设、自动化给料、自动化饮水、自动化光照、自动化清粪、自动化通风降温、自动化鸡蛋收集、自动化消毒，使蛋鸡养殖各阶段的技术控制实现了自动化，解放了劳动力，提高了劳动生产效率，节省投入成本，减少人为失误，减少人为传播疫病，使生产出的鸡蛋质量更优、更安全。蛋鸡标准化、自动化养殖是畜牧养殖业的发展必然选择。

三、鸡蛋价格连年稳步提高，当季价格波动幅度小

（一）鸡蛋价格呈上涨趋势

由于新冠疫情的扩散和多发，国内居民出现了对鸡蛋的囤积行为，导致鸡蛋的消费量增加，进而导致鸡蛋供应整体上出现偏紧的状况。与此同时，我国蛋鸡养殖从业者因新冠疫情引发的鸡蛋价格波动以及收益不稳定，普遍出现积极性受挫、消极情绪的情况。除了疫情

因素影响鸡蛋市场，国际事件的发生也对鸡蛋产业产生了影响。俄乌战争及中美贸易争端导致全球粮食短缺加剧和能源供应紧张，国际贸易受到阻碍。这些因素波及各行各业，包括鸡蛋产业。同时，我国还面临非洲猪瘟疫情以及国家恢复生猪产能的政策影响，导致饲料原料价格居高不下并持续上涨。随着供需关系和饲料原料价格的变化，鸡蛋价格呈不断上涨的趋势。

以湖南省为例，2022年鸡蛋月平均价格从2022年1月的9.51元/公斤上涨到12.05元/公斤，并且曾一度达到12.35元/公斤的月平均价格（见图5-6）。整个2022年，鸡蛋平均价格达到10.59元/公斤，相比2021年的平均价格6.82元/公斤，增长了55.28%，并且经常刷新历史新高。2022年鸡蛋价格的波动趋势与往年有所不同。根据传统观察，鸡蛋价格通常遵循季节性的波动规律，即一季度下跌，二季度稳中略涨，三季度上涨，四季度再次下跌并趋于稳定。

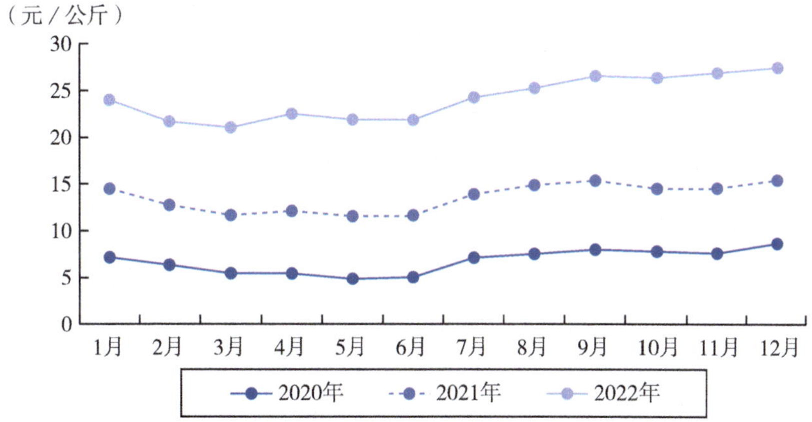

图5-6　2020—2022年湖南省每公斤鸡蛋销售价格

（二）鸡蛋价格出现逆规律波动

1. 基本情况

2022年鸡蛋价格的波动趋势与往年有所不同。根据农业农村部的监测数据，湖南省的鸡蛋价格呈现出了“一季度下跌后上涨，二季度前期上涨后期下跌，三季度上涨，四季度前期上涨后期平稳下跌”的波动态势。与往年相比，2022年的二季度和四季度鸡蛋价格出现了相反的波动。一般而言，3月是鸡蛋消费的传统淡季。然而，在2022年3月，湖南省鸡蛋价格却在此之前的1个多月开始上涨。月平均鸡蛋价格由2月的8.95元/公斤增长到3月的9.39元/公斤，再上涨到4月的10.42元/公斤。

2. 原因分析

这种情况主要受到以下因素的影响：首先，需求阶段性增加是价格上涨的原因之一。由于新冠疫情的严重影响，居民对鸡蛋等基本生活必需品的需求增加，导致价格上涨。其次，饲料成本的上升也导致鸡蛋价格的上涨。饲料成本是鸡蛋生产的重要成本之一，如果饲料成本上升，生产成本也会相应增加，从而推高鸡蛋价格。此外，前期鸡蛋产能高位回调也对价格上涨产生了一定影响。其次，第二次逆规律的波动趋势出现在第四季度。根据数据可知，2020年湖南省的鸡蛋价格在10月和11月出现了一定的波动。与9月的平均价格为7.99元/公斤相比，10月的平均价格为7.80元/公斤，11月的平均价格为7.61元/公斤。然而，在2022年，鸡蛋价格出现了逆势上涨的情况，而且“淡季不淡”的现象也出现了，从9月的平均价格11.19元/公斤增长到10月的11.87元/公斤，再到11月的12.35元/公斤。这种逆规律的价格波动主要受到鸡蛋产能高位回调、当月鸡蛋总产量减少、短期消费需求增加和饲料成本上升等因素的影响。因此，2022年鸡蛋价格的逆波动趋势可以归结为多种因素的综合影响，包括需求阶段性增加、蛋鸡总产能减少以及饲料成本上升等。

四、鸡蛋产量增长，养殖盈利明显

（一）鸡蛋产量增长

农业农村部的监测数据显示，2022年月度产蛋数由2022年1月的756 783枚增长到12月的886 089枚，全年产蛋量具有小幅度增长。并且农业农村部的监测数据表明，湖南省2022年鸡蛋的月均销售价格达到了历史新高：鸡蛋年平均销售价格为10.59元/公斤。鸡蛋的价格在过去的一年中呈现了明显的上涨趋势，月度鸡蛋销售价格最高达到12.35元/公斤。与此同时，蛋鸡养殖所需的全价饲料价格也创下了历史新高。

（二）养殖盈利明显

蛋鸡的养殖效益主要受鸡蛋价格和养殖成本的影响。其中，饲料成本是影响蛋鸡生产成本的主要因素，通常占据约70%左右的比重。相关研究表明，蛋鸡养殖中饲料成本的比重较大。在湖南省，蛋鸡养殖所使用的全价饲料价格从2022年1月的3.35元/公斤上涨至2022年12月的3.79元/公斤。这主要是由于新冠疫情在全球范围内的蔓延导致了国际贸易受阻和严格的检疫措施，直接提高了大豆、玉米等饲料原料的进口不稳定性。国际贸易关系的紧张也导致豆粕、玉米等饲料原料的价格明显上涨。面对饲料成本的压力，蛋鸡养殖所需的全价饲料年均价格从2021年的2.39元/公斤上涨至2022年的3.60元/公斤，同比增长了50.62%，明显高于往年的增长水平。同时，饲料成本的上涨对于蛋鸡养殖业产生了明显的影响。受蛋鸡配合饲料价格上涨的影响，每千克鸡蛋的饲料成本最高超过了7.50元。平均每只产蛋鸡的育成成本为32.94元，同比2021年的平均育成成本22.60元增加了45.75%，明显高于往年。这意味着饲料成本的增加直接对于养殖成本产生了重要影响。

但2022年全年鸡蛋供求关系相比2021年明显改善。由于节假日如元旦、春节、端午、中秋、国庆等期间鸡蛋消费增加，同时受新冠疫情影响，居民出现了对鸡蛋的囤积行为，增加了鸡蛋的消费量，进而推动鸡蛋价格持续上涨。相关数据显示，全年鸡蛋的平均价格同比2021年上涨了55.28%。尽管饲料成本上涨，但由于鸡蛋的售价上涨幅度高于饲料成本的增加额，蛋鸡养殖业仍然能够实现一定的盈利。蛋价上涨的绝对数值高于饲料成本的增加额，为蛋鸡养殖业创造了一定的利润空间。

数据排名显示，2022年蛋鸡养殖业的全年盈利位列自2010年以来的第5位，属于中等偏上水平。所以，尽管饲料成本上涨对蛋鸡养殖业带来了一定的影响，但需求的增加以及鸡蛋价格的上涨使得养殖户依然能够实现盈利。这表明蛋鸡养殖业在过去一年中取得了相对良好的经营效果。数据显示，鸡蛋价格的上涨与配合饲料成本的增加密切相关。蛋鸡养殖户们面临着饲料成本的增加带来的经营压力，不得不承担更高的生产成本。然而，与此同时，高涨的鸡蛋价格提供了良好的市场机会，使养殖户们能够通过提高售价来获得更多的盈利。总体来说，2022年鸡蛋价格的上涨以及配合饲料成本的增加对蛋鸡养殖业产生了影响。尽管饲料成本的上涨带来了经营上的压力，但蛋价的上涨使得蛋鸡养殖业在全年实现了一定程度的盈利。

五、蛋鸡场户生产状况好，成本消耗费用稳定

（一）蛋鸡场户生产状况好

根据我国农业农村部畜牧业综合信息平台的数据统计，湖南省2020—2022年蛋鸡场户生产状况较好。首先是后备鸡存栏数（1~120日龄）在2020—2022年，分别保持先降后升的趋势，且幅度较大。这其中，导致后备鸡存栏数下降的原因有：饲养密度过大，防疫工作出现纰漏，发生流行性疾病较多，饲养人员的疏忽等原因而导致后备鸡数量减少。

每公斤鸡蛋的销售价格在2020—2022年始终保持上升趋势，其中，2022年上升趋势显著高于其他两年。其原因主要是在过去3年，受非洲猪瘟的影响，导致猪肉价格过高，人均消费水平高，为满足机体蛋白质的含量，人们选择了鸡蛋作为补充蛋白质的重要来源，因此出现了鸡蛋供不应求的现象，从而导致鸡蛋价格上涨。由此可以得出结论，畜牧业的经济受一些外来因素比较大，因此我们要做好充足的准备，以不变应万变，从而给我们畜牧业带来更大的经济效益。

（二）成本消耗费用稳定

每只产蛋鸡的育成成本和产蛋鸡所用的全价饲料价格变化趋

势相一致，在2020—2021年，保持缓缓上升的趋势，其主要原因在于过去两年饲料原料价格持续上涨，因此，每只蛋鸡的育成成本和产蛋鸡所用的全价饲料价格就会增加。而育成成本和全价饲料价格在2022年里呈现先上升后下降的趋势。其主要原因在于2022年非洲猪瘟结束了，猪肉价格也恢复到了之前的水平，鸡蛋价格受之影响，从上升到下降，同时饲料原料的价格也会随之波动。

雇工费用在2020—2021年，始终保持缓慢增长的趋势，其原因在于市场供不应求的现象，养殖户就会为了增加收益，从而扩大生产规模，招揽更多的工人，从而导致雇工费用增多。在2022年中，呈大幅度增长。其原因是2022年上半年恰巧是非洲猪瘟爆发的顶峰时期，畜产品始终处于高价，养殖户在扩展生产的同时也需要更多的人力，因此雇工费用就会增多。后期因为非洲猪瘟逐渐消散，畜产品的价格也缓慢下降，养殖规模减小，不再需要那么多的人力资源，所以雇工费用就降低了。

在2020—2022年，水电费用呈现出先上升后下降的趋势，但变化幅度较小。其主要原因是由于市场的供求关系，从而导致水电费用的波动起伏。全场防疫、治疗、消毒费用在2020—2021年呈现下降趋势，变化幅度较为显著。其主要原因在于防疫程序做到了精确无误，且无重大的流行性疾病发生。在2022年中，防疫、治疗、消毒费用呈现先上升后下降的趋势，变化幅度较大。其原因主要为该时间段内鸡群发生流行性感冒，以及免疫程序出现欠缺之后等（见图5–7）。

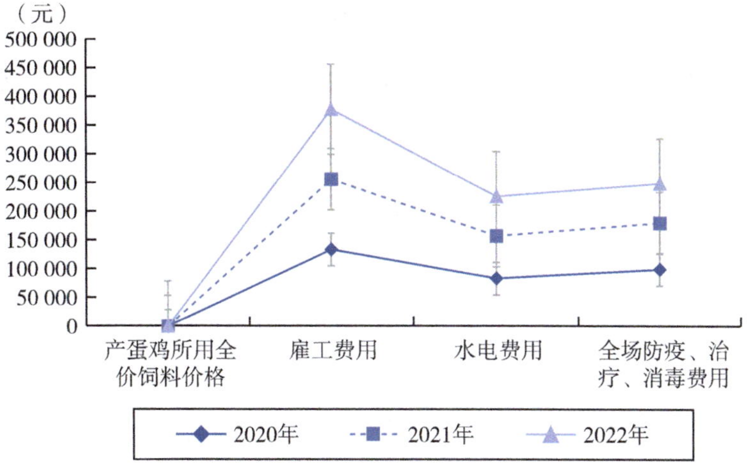

图5-7 2020—2022年湖南省蛋鸡养殖各项费用支出

产蛋鸡存栏数（121日龄以上）与产蛋鸡的产蛋性状有关，产蛋性状优良有助于提高产蛋鸡的存栏数，减少淘汰数目，进而减少购入新鸡只的费用。因此，维持高产鸡的数量、分批次淘汰使用年限过长的蛋鸡，选用具有优良产蛋性状的鸡是提高产蛋鸡存栏数、减少成本的重要举措。另外，从产蛋鸡的选种选育、饲养方式、免疫程序等方面，来控制产蛋鸡的成本。

第二节 蛋鸡生产形势展望

一、蛋鸡存栏数仍稳步增加，鸡蛋市场供应充足

自2021年11月以来，冬至、春节等节日刺激效应减弱，节后采购需求减弱，鸡蛋价格连续4个月持续下降。2022年3月初，受燃油价格上调、饲料成本支撑效应加强、新冠疫情防控政策趋严等因素影

响，鸡蛋价格止跌回升。5月起，南方逐渐进入梅雨季节，鸡蛋保质期缩短，养殖端出货速度加快，流通端维持低位库存，叠加禽产品季节性消费趋淡，鸡蛋价格持续3个月呈下降趋势。进入8月，受中秋节及国庆节拉动，餐饮市场回暖，鸡蛋市场需求量增加，鸡蛋价格止跌回升，9月涨幅进一步扩大。从雏鸡补栏情况、疫病流行情况、养殖成本运行情况等多方面分析：预计短期内鸡蛋价格小幅波动运行，10月鸡蛋价格小幅微降，11月中上旬迎来新一波上涨行情，12月达到年内高点。整体来看，四季度鸡蛋价格整体高位震荡运行。

2015年我国鸡蛋产量约为2 589万吨，2022年中国鸡蛋产量增长至2 938万吨，期间复合年增长率为1.82%。从省份来讲，我国鸡蛋生产主要集中在河南、河北、山东、辽宁、江苏、四川、湖北、安徽、黑龙江等地。2022年我国鲜鸡蛋出口数量达到10.72万吨，较2021年同比增长56.95%，增幅明显。根据中国海关总署最新数据。在产蛋鸡存栏方面，2022年度，全国在产父母代种鸡存栏为1 302万套，较2021年度的1 295万套，同比增加了7万套，增幅为0.5%。蛋鸡行业周期，是由前期产雏补栏数量和后期产蛋鸡存栏水平所决定的。

二、全国贸易消费流通恢复，鸡蛋需求量将持续增加

近年来，新冠疫情带来的限制措施迫使人们封锁在家，对经济和消费产生了重大冲击。不过，随着疫情逐渐得到控制，人们的消费信心也开始恢复。餐饮和超市等消费场所重新兴旺起来，人们选择外出就餐或在家烹饪，满足他们的口腹之欲。鸡蛋作为一种常见的食材在

各种菜肴中发挥着重要作用，因此消费者们对鸡蛋的需求也逐渐增加，推动了鸡蛋市场的增长。随着疫情结束和人们消费信心的恢复，鸡蛋市场迎来了新的增长机遇。人们对健康和营养的关注不断增加，这对鸡蛋市场产生了积极影响。鸡蛋被认为是一种营养丰富的食物，含有丰富的蛋白质、维生素和矿物质，符合现代人们的健康饮食需求。因此，消费者对鸡蛋的需求持续上升人们创新地将鸡蛋应用于各种菜肴和糕点中，拓展了鸡蛋的市场需求。例如，鸡蛋可以用于制作蛋糕、面点、煎饼等美食，满足了人们对美味食物的需求。因此，鸡蛋市场面临着更广阔的发展空间，随着疫情的逐渐消退和消费信心的恢复，人们对鸡蛋的需求逐渐增加。

鸡蛋作为一种营养丰富的食材，在市场上具有竞争优势，其多样化的利用方式也进一步促进了市场需求的扩大。预计在2023年，随着新冠疫情的正式结束，新冠疫情对鸡蛋消费的影响将逐渐消退。尽管一些前期的影响可能会在第一季度仍然存在，但不会对后续的鸡蛋消费造成冲击。随着时间的推移，鸡蛋消费将回归到按季节波动的规律性变化。由于鸡蛋消费的刚性需求不断增强，2023年鸡蛋消费将继续保持增长态势。随着鸡蛋产量的增加，鸡蛋供应紧张的状况将有所缓解，鸡蛋价格也将回归到正常的年度波动水平。根据过去几年的蛋价走势，我们可以看到蛋价自2010年以来不会连续上涨三年。尽管2021年和2022年蛋价上涨，但这也预示着2023年的蛋价可能会出现下跌。然而，需要注意的是，鸡蛋价格仍然受到饲料成本的影响。饲料成本是决定鸡蛋生产成本的重要因素。如果饲料成本持续上涨，鸡蛋价格可能会保持较高水平。此外，近期的蛋价水平并未出现明显回落，预计2023年的蛋价将突破年度波动规律，保持较高水平，并有可能超过2022年的水平。

三、蛋价或持续保持高位，蛋鸡养殖盈利情况乐观

鸡蛋生产的成本因素主要包括饲料、劳动力、固定资产折旧、雏鸡价格、疫苗兽药、水电等，其中，饲料成本在蛋鸡生产成本中占主导地位，占据了约70%左右的比重。面对饲料成本的上升，养殖者通常有两个选择。一方面，他们可以选择维持当前的销售价格不变，但这可能会导致盈利能力降低甚至出现亏损。另一方面，为了保持盈利或降低亏损，他们可以提高鸡蛋的销售价格，以抵销饲料成本的增加。因此，高饲料成本往往会对鸡蛋价格产生上行压力。从目前形势来看，预计2023年饲料原料问题以及国外紧张局势的缓解程度有限。这意味着饲料及其原料的价格将保持在高位，并且可能不会出现明显的回落。因此，可以预计鸡蛋的饲料成本也将保持在较高的水平。

与此同时，预计2023年鸡蛋价格将保持在高水平，这将对蛋鸡养殖业产生积极的影响。一方面，高鸡蛋价格将有助于弥补饲料成本的增加。尽管饲料成本上升可能会对生产成本造成一定压力，但高鸡蛋价格提供了一种机会，使养殖者能够通过提高销售价格来抵销这些成本。这将有助于确保养殖业保持盈利，并在一定程度上稳定养殖者的经营状况。另一方面，高鸡蛋价格还将激励养殖者继续投资和扩大规模。当鸡蛋的销售价格较高时，养殖者能够获得更好的利润回报，这将鼓励他们增加养殖规模，提高产能，以满足市场需求。

根据对过去几年蛋鸡养殖盈利规律的观察，自2010年以来，蛋鸡养殖业未出现连续三年盈利增加的情况。虽然2021年和2022年连续两年蛋鸡养殖盈利增加，但这意味着2023年的盈利水平可能会有

所收窄。然而，预计这种收窄幅度有限，蛋鸡养殖业仍有可能保持中等水平的盈利。

这是基于以下几个方面的考虑：

首先，饲料及其原料价格将维持在高位。饲料成本在蛋鸡养殖中占据重要的比重，高饲料价格将对蛋鸡养殖的盈利能力产生一定影响。虽然预计饲料价格可能不会大幅回落，但养殖者可以通过调整销售价格来缓解饲料成本的增加，从而保持一定的盈利水平。其次，鸡蛋价格预计将保持在较高水平。鸡蛋价格的持续上涨将为蛋鸡养殖业提供一定的利润机会。养殖者可以通过高销售价格来弥补饲料成本的增加，提高盈利能力。尽管可能存在盈利收窄的情况，但高鸡蛋价格将继续支持蛋鸡养殖业的盈利能力。综合考虑以上因素，可以预计2023年蛋鸡养殖业有望保持稳定盈利。尽管存在着盈利收窄的可能性，但预计这种收窄幅度将有限。这将对蛋鸡养殖者和整个农业产业链产生积极的影响，为蛋鸡养殖者创造更好的经济效益和发展机会。

四、蛋鸡饲养规模持续扩大，有望增加出口量

根据我国农业农村部畜牧业综合信息平台的数据统计，可以得出湖南省2020—2022年蛋鸡场户中的每公斤鸡蛋的销售价格、每只产蛋鸡的育成成本和产蛋鸡所用全价饲料价格的变化规律。由此可以推测出我国的出口贸易在数量这一块的详细情况。

首先是每公斤鸡蛋的销售价格，在2020年里，鸡蛋的价格处于先降后升的趋势，其中1—3月下降幅度较大，7—9月和11—12月上升幅度大，较为显著。在2021年里，鸡蛋的价格变化大，其中，1—3月为直线下降，6—9月上升最为明显。在2022年里，从2月开始始终保持

一个稳定且缓慢上升的状态。综上所述，在2020—2022年，每公斤鸡蛋的价格大多时候处于一个小幅增长的状态，这使我国的贸易保持顺差不变，增加出口量奠定了一定的基础。

其次是每只产蛋鸡的育成成本，在2020年里，每只产蛋鸡的育成成本基本处于一个稳定且有小幅度增长的状态，其中6—8月增长幅度最为明显。在2021年里变化幅度大，成本下降主要集中在1—2月、5—6月、9—12月这三个阶段，成本上升主要集中在3—4月、7—8月这两个阶段。在2022年里，成本上升集中在1—8月、11—12月，成本下降集中在8—11月。综上所述，在2020—2022年，每只产蛋鸡的育成成本大多时候处于上升的状态，因此，从侧面反映出了鸡蛋的市场地位有所提升，价格处于上涨阶段，这一结果有利于增加我国鸡蛋出口的价格，增加养殖户的收入。

最后是产蛋鸡所用全价饲料的价格，该指标与每只产蛋鸡的育成成本的变化相一致。这间接反映出了蛋鸡市场的价格在不断上涨，蛋鸡规模在不断扩大，产量在不断提高，有利于我国保持贸易顺差，增加出口量。

第三节　肉鸡产业发展形势

一、肉鸡生产数量持续减弱

（一）疫情影响经济下行，肉鸡的需求减少

从数据上看，2020年到2022年湖南省肉鸡出栏量呈逐年下降趋势（见图5-8）。

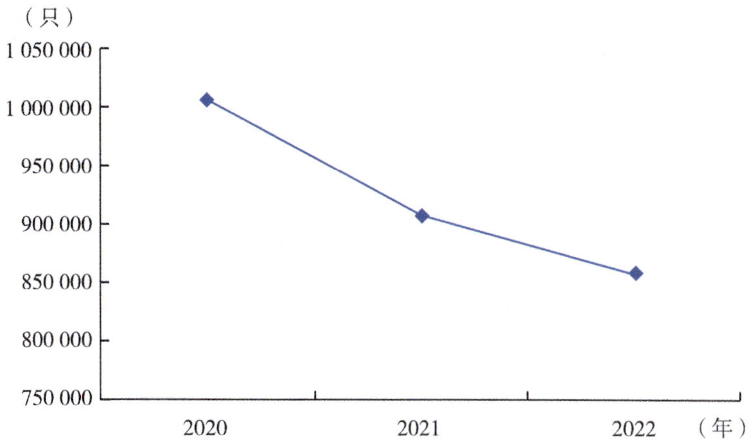

图5-8 2020—2022年湖南省肉鸡出栏数量趋势图

2020年，湖南省肉鸡出栏量下降的原因可能是湖南省遭遇新冠疫情，导致经济下行，居民收入减少，消费需求下降，对肉鸡的需求减少。

2021年，湖南省肉鸡出栏量有所回升，但仍低于2020年。湖南省经济开始复苏，居民收入增加，消费需求回升，对肉鸡的需求增加，养殖户养殖利润有所增加，导致养殖户增加肉鸡养殖规模。湖南省肉鸡市场竞争依然激烈，肉鸡价格仍处于低位，但养殖户养殖积极性有所提高。

2022年，湖南省肉鸡出栏量继续下降，原因可能有以下几点：湖南省经济发展面临较大压力，居民收入增长乏力，消费需求下降，对肉鸡的需求减少。省内肉鸡养殖成本继续上升，养殖户养殖利润继续下降，导致养殖户减少肉鸡养殖规模。湖南省肉鸡市场竞争更加激烈，肉鸡价格继续下降，养殖户养殖积极性进一步下降。

（二）养殖饲料成本大幅上涨

饲料价格持续大幅上涨，创近10年新高。玉米和豆粕是肉鸡配合饲料的主要构成，其中玉米占50%~60%，豆粕占25%~30%。2022年玉米和豆粕价格上涨，尤其是豆粕价格大幅上涨，带动肉鸡配合饲料价格上浮至历史高位。2022年玉米平均价格为2.98元/公斤，较2021年增长1.5%；年末玉米价格达到3.05元/公斤，较2021年同期增长7.43%。2022年豆粕平均价格为4.67元/公斤，较2021年增长23.2%；年末豆粕价格达到5.07元/公斤，较2021年同期增长34.1%。2022年肉鸡配合饲料平均价格为3.89元/公斤，较2021年增长7.17%；年末肉鸡配合饲料价格达到4.09元/公斤，较2021年同期增长10.8%。湖南省肉鸡养殖成本上升，养殖户养殖利润下降，导致养殖户减少肉鸡养殖规模。湖南省肉鸡市场竞争激烈，肉鸡价格下降，养殖户养殖积极性下降。

二、肉种鸡存栏量下降，肉雏鸡产销量减少

（一）养殖场对肉鸡需求预期降低

从图5-9数据上看，2020年到2022年湖南省进雏鸡数量呈逐年下降趋势（见图5-9）。

进雏鸡是指从养鸡场购买的雏鸡。进雏鸡的数量可以反映养鸡场对未来肉鸡需求的预期。2020年到2022年，湖南省进雏鸡数量逐年下降，说明养鸡场对未来肉鸡需求的预期逐年下降。

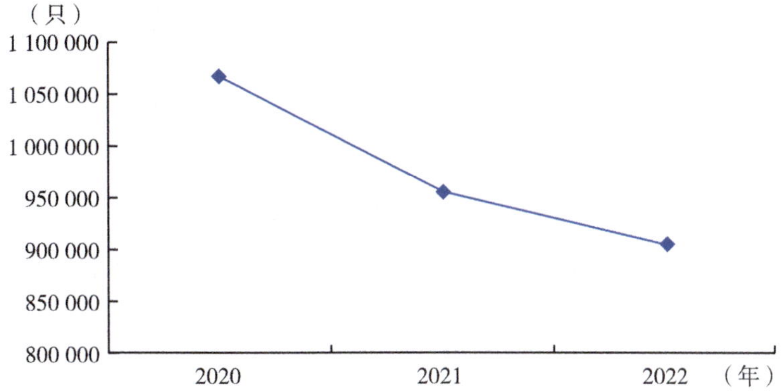

图 5-9　2020—2022 年湖南省肉鸡进雏数量

（二）市场需求减小，养殖成本上升

养鸡场对未来肉鸡需求的预期下降，可能有以下几个原因：

一是市场需求减少。当前，随着人们对健康和营养的关注度不断提高，越来越多的人开始追求绿色、有机、无公害的食品，而鸡肉等畜禽产品往往不能满足这些要求。此外，受疫情的影响，人们的消费能力下降，消费需求也相应减少。这些因素导致市场需求减少，进而影响了种鸡存栏量和商品雏鸡产销量。

二是养殖成本上升。养殖成本是影响种鸡存栏量和商品雏鸡产销量的重要因素。近年来，养殖成本不断上升，主要是饲料、兽药等原材料价格的上涨所致。此外，劳动力成本、环保成本等也在不断上升，这些都导致养殖成本的增加。因此，为了维持盈利，养殖户不得不减少存栏量或减少销售量。

三是疫病影响，疫病是影响畜禽养殖业的重要因素之一。近年来，禽流感、新城疫等疫病不断出现，给养殖业带来了极大的挑战。

疫病的爆发不仅导致种鸡存栏量减少，也使得商品雏鸡的产销量下降。为了避免疫情对养殖业造成的影响，养殖户不得不采取一系列防疫措施，这也加大了养殖成本。

四是技术落后，当前，畜禽养殖业正朝着智能化、信息化的方向发展，但是一些养殖户技术落后，不愿意更新设备和技术，导致生产效率低下、养殖成本高昂。这也是种鸡存栏量下降、商品雏鸡产销量减少的原因之一。

2020年到2022年，湖南省经济发展放缓，居民收入增长乏力，对肉鸡的需求减少。湖南省肉鸡养殖成本上升，养鸡场养殖利润下降，导致养鸡场减少肉鸡养殖规模。湖南省肉鸡市场竞争加剧，肉鸡价格下降，养鸡场养殖积极性下降。种鸡存栏量下降、商品雏鸡产销量减少的现象是由多种因素综合作用的结果。为了解决这个问题，需要采取一系列措施，包括加强市场调研、降低养殖成本、加强防疫措施、提高技术水平等，只有这样才能推动畜禽养殖业的可持续发展。

三、肉鸡养殖利润提升幅度较大

（一）总利润稳步提升

从图5-10可以看出湖南省肉鸡养殖业在过去几年呈现出进雏鸡数量下降而总利润逐年升高的趋势。这可能是由以下原因导致的：

一是养殖技术的提高。随着科技的不断发展和进步，养殖业的技术也在不断提高，使得肉鸡的生长速度变快、疾病发生率降低，从而提高了产量和经济效益。

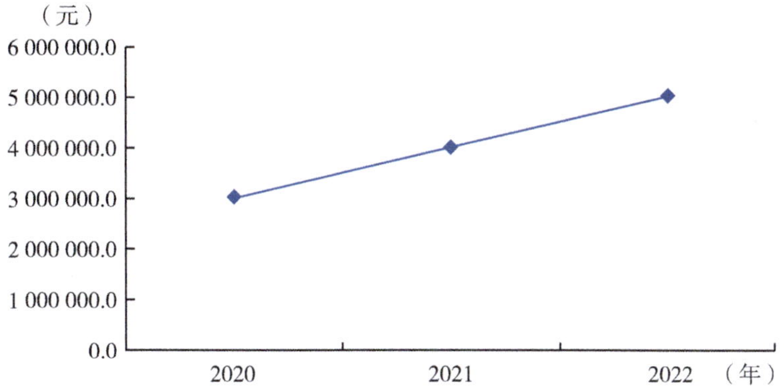

图5–10　2020—2022年湖南省肉鸡养殖总利润

二是养殖规模的扩大。随着养殖规模的扩大，养殖场的生产效率得到提高，从而使得总产量和总利润逐年上升。

三是市场需求的增加。肉鸡养殖业是与市场需求紧密相关的，如果市场需求增加，养殖场就会增加肉鸡的出栏数量，从而提高总产量和总利润。

四是成本控制能力的提高。养殖场在生产过程中需要投入大量的成本，如饲料、劳动力、设备等，如果养殖场能够有效控制这些成本，就能够在保证质量的前提下，提高经效益。

（二）进雏鸡数量波动的因素

进雏鸡数量下降，可能有以下原因：

一是养殖场规模变小。可能是由于市场需求或者经济环境等因素，使得一些养殖场规模逐渐缩小，从而进雏鸡数量也会相应减少。

二是养殖技术的提高。随着养殖技术的不断提高，肉鸡的生长速度变快，从而需要进雏鸡的数量相应减少。

三是生产成本的增加。进雏鸡是养殖场的一项重要投入，如果进雏鸡的价格上涨，会增加生产成本，从而使得养殖场减少进雏鸡的数量。

四、白羽肉鸡种鸡利用率下降，黄羽肉鸡上升

（一）2022年全国肉鸡总产量较2021年下降

消费市场低迷，全年肉鸡总产量下降。2018年8月以来非洲猪瘟疫情导致猪肉供给下降，从而带来了鸡肉消费市场的显著升温，带动2019—2021年肉鸡产量持续实现较大幅度增长。2022年，随着生猪产能逐步恢复至常态水平，猪肉价格从高位逐步回落，加之新冠疫情大范围多次反复，国内经济复苏进程明显放缓，肉鸡消费市场整体低迷，且饲料价格上涨明显，挤压养殖利润，导致养殖户对后市预期不乐观，补栏较为谨慎，2022年肉鸡产量出现明显下降。根据农业农村部对肉鸡养殖户月度定点跟踪监测数据及中国畜牧业协会监测数据分析，2022年肉鸡（包括白羽、黄羽和小型白羽肉鸡）总出栏数量118.54亿只，较2021年下降7.0吨，降幅7.7%；肉鸡总产量为1 887.6万吨，较2021年下降146.9万吨，降幅8.4%。

（二）黄羽肉鸡占比持续下降，小型白羽肉鸡增长

产业结构持续调整，黄羽肉鸡产量占比下降。2022年白羽和黄

羽肉鸡生产均呈现较大幅度下降，小型白羽肉鸡生产延续扩张趋势。2022年白羽和黄羽肉鸡累计出栏量分别为60.9亿只和37.3亿只，分别较2021年下降7.7%和8.3%；白羽、黄羽肉鸡产量分别为1 191.0万吨和471.1万吨，分别较2021年下降8.5%和8.1%。2022年小型白羽肉鸡出栏量为20.4亿只，较2021年增长6.7%；产量为225.4万吨，较2021年增长2.5%。此外，受消费低迷、饲料价格上涨等肉鸡产业发展面对的共性因素，叠加“活禽管制”对黄羽肉鸡销售的抑制等因素影响，近年来随着黄羽肉鸡出栏量和产量的持续下降，黄羽肉鸡产量在肉鸡总产量中的占比持续下降；从黄羽肉鸡内部的结构变动来看，快速型占比下降，中速型相对稳定，慢速型占比增加。

五、鸡肉产品进口下降趋势明显

（一）1—9月禽肉及杂碎进口量小幅下降

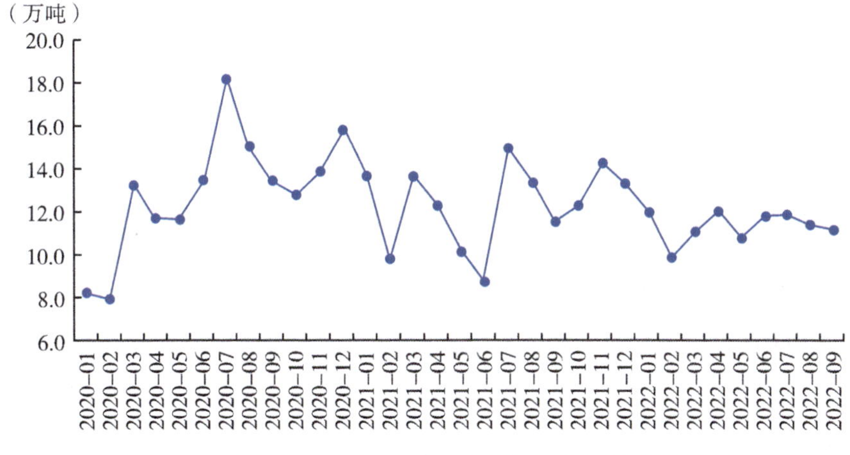

图5-11　2020—2022年禽肉及杂碎进口量变化情况

据海关统计，2022年，1—9月，我国进口禽肉及杂碎101.8万吨，同比下降5.9%，但受全球鸡肉价格上涨影响，进口额同比上涨24.8%。从各月进口量来看，1月进口量12万吨，之后开始小幅下降；6—9月在11万~12万吨，9月进口11.2万吨，同比下降4.0%；7—9月份同比均下降，但降幅逐渐收窄。2022年中国进口鸡肉及杂碎129万吨，同比减少11.63%。2022年进口鸡肉CIF平均价格为3 092美元/吨，同比上涨34.61%。

（二）11月禽肉进口量降低出口增加

2022年11月，禽肉进口量9.21万吨，环比减4.4%，同比减35.3%，进口额3.35亿美元，环比减6.0%，同比减10.4%；出口量2.26万吨，环比增3.3%，同比增13.5%，出口额6 271.7万美元，环比增3.6%，同比增8.4%。1—11月累计，进口量121万吨，同比减10.5%，进口额37.77亿美元，同比增19.6%；出口量24.89万吨，同比增21.2%，出口额6.80亿美元，同比增15.4%。进口产品主要是鸡爪（占进口总量的50.5%）、鸡翼（24.6%）、鸡块和整鸡（18.4%）、鸡杂（5.1%）、火鸡产品（1.4%），主要来自巴西（占进口总量的42.5%）、美国（26.4%）、俄罗斯（10.1%）、泰国（6.2%）、阿根廷（5.6%），该五国合计占90.9%。禽肉主要出口到中国香港和澳门地区，以及马来西亚、柬埔寨、蒙古国、阿富汗、巴林等国，上述7地合计占出口总量的91.1%。

六、疫情环境下鸡肉产品供应量逐步减少

（一）疫情对鸡肉消费量的影响

图5-12显示，我国鸡肉消费量及供应量受疫情影响，近两年有所下滑，2021年中国鸡肉总供应量为15 100千公吨，同比下降0.7%；鸡肉国内消费量为15 032千公吨，同比下降1.2%；预计2022年中国鸡肉总供应量为15 100千公吨，同比下降2.5%；预计2022年鸡肉国内消费量为14 640千公吨，同比下降2.6%。其中2022年中国鸡肉消费量为14 640千公吨，同比下降2.6%；中国鸡肉总供应量为15 100千公吨，同比下降2.5%。

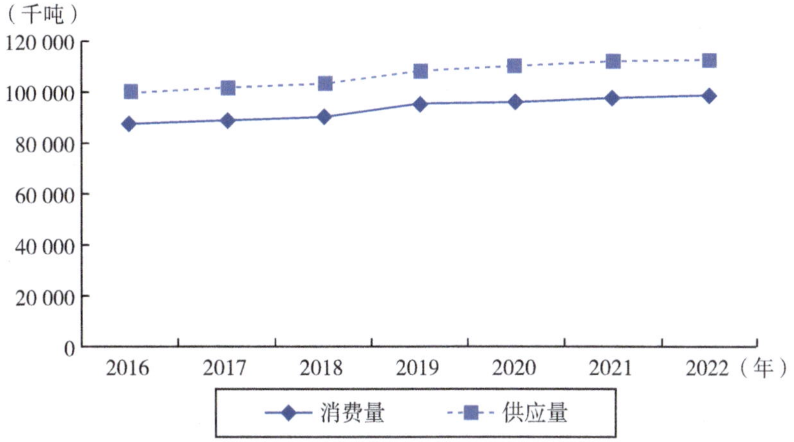

图5-12　2016—2022年全球鸡肉消费量及总供应量

（二）社会因素对鸡肉消费量的影响

许多社会因素会影响鸡肉的消费。

一是经济不景气。近年来，全球经济不景气，许多国家和地区都受到了影响。在这种情况下，居民的消费能力和购买力都受到了很大的影响。一些居民可能会减少对高价肉类的消费，而选择更为经济实惠的蔬菜和豆类等食品。因此，鸡肉消费下降可能与经济不景气有关。

二是健康意识增强。随着人们对健康意识的增强，越来越多的人开始关注食品安全和营养健康。在这种情况下，一些居民可能会选择更加健康的食品，如海鲜、蔬菜、水果等。相对于其他肉类，鸡肉的营养价值较低，脂肪含量较高，因此有些居民可能会减少对鸡肉的消费。

三是疫情影响。新冠疫情的暴发对世界经济和社会造成了重大影响。在疫情期间，很多人被迫居家隔离，而一些饭店和餐厅也被迫关闭，导致鸡肉等肉类的消费量下降。此外，疫情也加剧了人们对食品安全和卫生的担忧，可能会影响居民对鸡肉等肉类的消费。

四是环保意识增强。随着全球环保意识的不断提升，越来越多的人开始关注动物保护和环境保护问题。鸡肉等畜肉的生产和加工过程会产生大量的污染物和温室气体，可能会对环境造成不良影响。因此，一些居民可能会选择减少对鸡肉等畜肉的消费，转而选择更为环保的食品。

综上所述，居民鸡肉消费下降可能受到多种社会现象的影响，包括经济不景气、健康意识增强、疫情影响和环保意识增强等。为了解决这个问题，需要采取一系列措施，包括提高食品安全和卫生、加强环保工作、推广健康饮食等，只有这样才能推动食品行业的可持续发展。

第四节　肉鸡生产形势展望

一、肉鸡产品价格持续低迷，养殖户养鸡信心不足

2022年，禽肉供应较往年偏少，终端消费低迷，旺季需求较往年同期下滑明显，屠宰企业库存增加，叠加猪肉价格大幅下跌，禽肉价格高位小幅下跌。12月，鸡肉集市均价每公斤25.40元，环比跌1.5%，同比涨15.4%；从周价看，禽肉价格连跌4周，月内累计跌1.6%。从12月的周度价格看，鸡肉集市价分别为25.60元/公斤、25.49元/公斤、25.27元/公斤、25.25元/公斤，环比分别跌0.3%、跌0.4%、跌0.9%、跌0.1%。从养殖效益看，12月毛鸡集中出栏，终端需求下滑，屠宰企业收购量减少，全国肉鸡棚前收购价下跌，饲料成本高位运行，肉鸡养殖由盈转亏。国家发展改革委价格监测中心发布信息，2022年12月平均每只鸡亏损1.43元。

二、2023年转型关键，黄羽肉鸡种业发展迅速

黄羽肉鸡行业是我国家禽养殖中的特色产业，近年来已成为我国畜牧业发展中增长最快的行业之一。但是我国黄羽肉鸡产品加工比例较低。由于肉鸡养殖企业的经营业绩容易受到宏观经济形势、行业周期性供需变化、动物疫病、产业政策等因素的影响而呈现较大波动，特别是2013年4月至2014年初，以及2017年上半年受疫情等影响，活鸡销售为主的黄羽肉鸡行业陷入深度困境，大幅缩减产量后黄羽肉鸡价格才有所回升。至此，业内较多企业已经认识到需要随着国

家大力推行冰鲜上市的发展趋势以及人们消费观念的逐渐转变而顺势转型。因此，部分规模化企业借助电商快速发展的趋势，大力发展冰鲜产品，不断提高品质，努力打造业内冰鲜品牌，扩大影响力和知名度，希望通过发展冰鲜产品增加新的盈利增长点和增强抗风险能力。

根据《中国禽业发展报告（2018年度）》，2014年以来国家及地方层面纷纷贯彻落实“规模养殖、集中屠宰、冷链配送、冷鲜上市”16字方针，完全依赖活禽交易的黄羽肉鸡产业开始转型。但由于国内黄羽肉鸡养殖体量大，冰鲜鸡加工技术有待完善，特别是喜欢采购活禽的消费习惯短期难以改变，因此在提出转型的前几年，产业转型速度缓慢。近几年，黄羽肉鸡产业逐渐发生积极变化，一方面企业忧患意识增强，对于冰鲜鸡的开发力度逐渐增大；另一方面消费者对于冰鲜鸡的接受程度和对禁售活禽政策的理解程度在逐年提升。行业未来一方面是建立健全冰鲜鸡生产流程，另一方面是配备专业的冷链设施，通过商超、电商、批发、专卖店等多种方式，拓展冰鲜鸡的营销。

目前活禽交易日趋收紧，加速转型是禽肉产业亟待破解的问题，长期来看，要进一步扩大禽肉、鸡肉消费。据了解，2022年1—10月白羽肉鸡祖代鸡引种量同比明显减少，11月国内无祖代种鸡引种，12月仅引种一批。总的来看，2022年白羽肉鸡祖代鸡引种量同比明显减少。2023年祖代鸡引种量整体依然将呈减少趋势。2022年末至2023年上半年，在产父母代种鸡存栏量或呈现低位增长走势，预计2023年商品代肉鸡出栏量及产量呈现逐渐增长态势，且二季度产量或将达到年内高点，三季度起国内肉鸡供应量存在减少可能。总的来说，

2023年供应量或将增加在3%左右。屠企屠宰成本或趋高调整，支撑作用偏强。同时，产品出口存在增加预期，预计明年肉鸡供应量偏增长，鸡苗的产能也将进一步恢复。年后消费持续复苏，肉鸡消费有望迎来快速增长，在“供需皆旺”的情况下，2023年国内白羽肉鸡市场价格重心或将被抬升，预计肉鸡产品综合售价或延续上行趋势。

三、年轻消费者比例上升，鸡肉消费量有望提升

2016年以来，由于我国商铺租金大幅上涨以及人员工资提升，餐饮店利润空间大幅被压缩，倒逼餐饮门店连锁化率提升。同时，基于外卖兴起、餐饮供应链优化和门店管理能力提升等因素，连锁餐饮店运营效率提高，连锁餐饮店快速复制能力提升。根据《2021年中国连锁餐饮行业报告》，2018—2020年我国餐饮连锁化率从12.8%增长至15.0%，行业连锁化率在逐年提升。然而，目前我国餐饮连锁率仍远低于美国的54%和日本的49%，未来有较大幅度的提升空间。与此同时，连锁餐饮企业对标准化程度较高的餐饮半成品需求较大，因此在仅考虑餐饮连锁化率提升的情况下，亦有望推动未来对餐饮行业半成品需求的持续增长。

肯德基、麦当劳等连锁餐饮企业通过渠道下沉抢占市场，实现规模化倍速发展，餐饮连锁化率不断提升。近年来我国快餐连锁店发展态势迅猛，2015—2019年我国连锁餐饮企业总门店数从2.37万个增加至3.44万个，年均复合增速达到9.7%；2015—2019年我国连锁餐饮企业收入从1 526.61亿元增长至2 234.5亿元，年均复合增速为

10%。总体呈现持续增长的趋势。其中，鸡肉类快餐连锁品牌的规模扩张贡献了重要力量，在2020—2021年度排名前十的全国快餐店中，共有5家快餐店以肉鸡类食品为主，其余5家亦提供肉鸡类相关产品，核心原因在于我国禽肉产品有着较为成熟、稳定的供应链。随着餐饮供应链食材标准化和商超经营业态升级，鸡肉加工制品在鸡肉总产量中的占比有望逐渐提升，鸡肉制品行业的规模扩张有望加速。

“健康中国”已上升为国家战略。随着社会的发展，饮食健康已从“食饱阶段”“食好阶段”升级至“营养阶段”。我国健身人群数量增长迅速，据《2020中国健身行业数据报告》，我国的健身人群在2020年达到7 029万人，相较2019年同比增长3.19%。在14亿的总人口基数下，中国的健身人口渗透率为5.02%，尽管相比美国的15.2%有着约3倍的差距，相比欧洲平均水平的8.1%也还有着1.6倍差距，但从趋势来看，中国同美国、欧洲的差距在逐渐缩小。在运动健身人群的年龄分布中，2020年中国18~25岁人群占比19.8%，25~35岁人群占比43.3%，18~35岁合计占比63.1%。健身人群主要以增肌肉和减脂为主，随着健康饮食观念的深入，鸡肉产品凭借其高蛋白质、低脂肪、低胆固醇和低热量的特性，深受健身人群钟爱，健身人群的增长以及健康意识水平的提高将成为鸡肉消费增长的重要动力。

四、养殖成本提高致鸡肉价格上涨

鸡肉养殖需要大量的饲料，而饲料的价格占到整个鸡肉生产成本很大一部分。近年来，全球天气异常、干旱、瘟疫等自然灾害频繁发生，导致大豆、玉米等主要饲料原料的产量减少，使得饲料价格上涨，进而导致鸡肉价格上涨。

随着人们对鸡肉及鸡蛋质量的要求逐渐提高，鸡肉养殖需要不断改进和增加饲料、疫苗以及劳动力等成本投入。加上养殖场的库存食品逐渐减少，多年来快速养殖下来的牲畜存活率相对偏低，迫使业者增加生产成本，也是导致鸡肉价格上涨的重要原因之一。玉米与豆粕是肉鸡饲料的主要原材料。作为大宗农产品，玉米、大豆因国内外粮食播种面积、气候条件、国家农产品政策、市场供求状况、运输条件等多种因素的影响，价格波动性较为明显。如农产品价格波动风险不能有效向下游转移，将对本行业的发展造成不利影响。

现在人们的生活水平提高，鸡肉成为人们日常生活中必不可少的食品之一。另外，在一些罕见传染病、疫情与禽流感等病毒肆虐削弱市场供应的情况下，市场需求的增加和相对减少市场供应使得价格上涨。总体来说，市场需求的增加是导致鸡肉价格上涨的另一个重要原因。

第五节 家禽政策解析

一、国家政策

2022年以前，国家关于家禽政策发布了一系列文件（见图5-13）。

最具代表性的文件是2005年国务院印发的《国务院办公厅关于扶持家禽业发展的若干意见》（以下简称《意见》），明确了自2005

年入秋以来，面对局部地区发生高致病性禽流感疫情对全国家禽业的稳定发展带来明显冲击的情况下，为维护家禽业稳定发展，按照企业和农户生产自救与国家适当扶持相结合、制定应急扶持措施与建立稳定发展长效机制相结合的原则，国家采取必要的扶持政策。包括：财政补贴；税收优惠政策，如免征所得税，增值税即征即退，兑现出口退税，适当减免部分地方税；减免部分政府性基金和行政性收费；保护种禽生产能力和家禽品种资源；稳步推进家禽业转变饲养方式等。

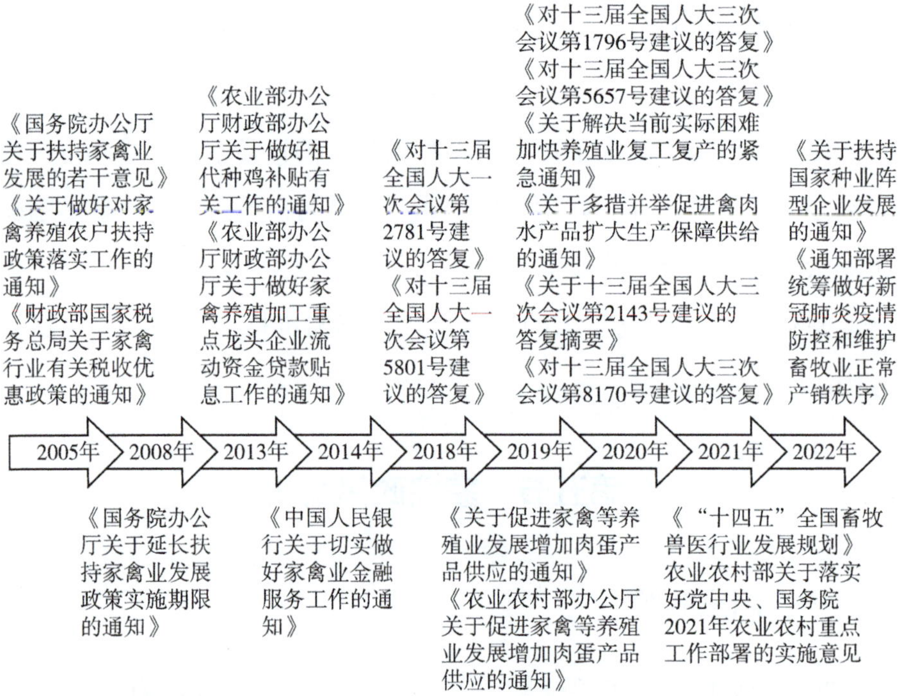

图5-13　2005—2022年国家级家禽相关政策

2005年国务院发布的《关于做好对家禽养殖农户扶持政策落实

工作的通知》，明确了充分认识做好对养殖农户扶持政策落实工作的重要意义；制定了扶持家禽业发展的若干政策措施；包括：鼓励和引导加工企业收购农户散养家禽，督促龙头企业履行与养殖户签订的家禽收购合同等。同时，各级农业、畜牧和农业产业化主管部门，要及时了解家禽业扶持政策的落实情况，主动与发展改革、财政、税务、金融、工商、物价、海关等部门协调配合，协调解决政策落实过程中出现的问题，帮助养殖农户发展家禽生产，促进家禽业持续稳定发展。

2020年，最具代表性的文件是在国家发展改革委办公厅、农业农村部办公厅印发的《关于多措并举促进禽肉水产品扩大生产保障供给的通知》中，面对新冠疫情防控的情况下，明确了疫情防控期间各地要采取有效措施，进一步加大禽肉等产品的支持力度，包括加大中央预算内投资支持力度、加大金融支持力度。各地要统筹谋划禽肉、禽蛋等产品生产供应，提高禽肉等产量占肉类总产量比重，提升整体生产效率，促进产业可持续发展。

同时2018年和2020年农业农村部发布了五次答复，分别为《十三届全国人大一次会议第2781号建议的答复》《十三届全国人大一次会议第5801号建议的答复》《十三届全国人大三次会议第1796号建议的答复》《十三届全国人大三次会议第5657号建议的答复》及《十三届全国人大三次会议第8170号建议的答复》，都强调了提高肉鸡的重视程度，设立生产专项扶持项目，保障并促进家禽业的稳步发展。

2021年，最具代表性的文件是农业农村部印发《“十四五”全国畜牧兽医行业发展规划》，到2025年，全国畜牧业现代化建设取得重大进展，家禽养殖率先基本实现现代化。禽肉和禽蛋保持基本自给。在现代化建设目标下，实现畜禽核心种源自给率达到78%，畜禽养殖规模化率达到78%以上。在重点产业建设方面，该规划创新提出构建“2+4”现代畜牧业产业体系，着力打造生猪、家禽两个万亿元级产业和奶畜、肉牛肉羊、特色畜禽、饲草四个千亿元级产业，并明确了每个产业的发展指标和产业布局。同年，农业农村部印发的《关于落实好党中央、国务院2021年农业农村重点工作部署的实施意见》，也明确指出促进家禽业稳步发展。

2022年，农业农村部办公厅印发《关于扶持国家种业阵型企业发展的通知》，针对依赖进口的种源，主要就是白羽肉鸡，遴选福建圣农、新广农牧、沃德辰龙生物3家龙头企业，主要任务是持续提升自主培育品种性能水平，加快产业化应用，力争通过5~10年的努力，逐步提高市场竞争力和占有率，实现种源自主可控；针对有竞争优势的种源，主要是蛋鸡、黄羽肉鸡和鸭等，遴选北京峪口、山东益生等21家家禽种业龙头企业，包括蛋鸡2家、黄羽肉鸡10家、肉鸭7家、蛋鸭2家，主要任务是建立健全商业化育种体系，加快培育一批新品种，提升产量和品质水平，持续保持种源竞争优势。

同年，农业农村部印发《通知部署统筹做好新冠疫情防控和维护畜牧业正常产销秩序》，要保障畜牧业生产资料运输畅通，严格禁止随意设卡拦截、断路封路，涉疫封控地区要因地制宜设置物资中转接驳点，保障仔畜雏禽及种畜禽、饲料、兽药等生产资料物流畅通，防止出现断料断药和生产断档情况。各地农业农村部门要维护畜禽正常产销秩序，帮助养殖场户与饲料企业、种畜禽企业、屠宰企业建立对接机制，确保饲料不断供、产品不滞压，将出栏畜禽和肉蛋奶产品纳入疫情防控期间生活必需品保障范围，畅通畜禽产品调运渠道。

二、地方政策

湖南省作为一个家禽养殖大省，家禽业是农民收入的重要来源，家禽业的发展至关重要。由于H7N9禽流感对家禽业造成了很大冲击，作为家禽中的重要组成部分，肉鸡和鸡蛋的市场需求骤减，产品价格大幅下跌。针对蛋鸡与肉鸡的发展，湖南省出台了许多政策。其主要举措有：

根据《农业部办公厅、财政部办公厅关于印发蛋鸡标准化规模养殖场改造以奖代补项目实施方案的通知》，结合湖南省实际制定的《湖南省蛋鸡标准化规模养殖场改造以奖代补项目实施方案》，主要目的是提升蛋鸡标准化规模养殖水平，推进饲养方式转变，降低动物疫病风险，实现粪污的无害化处理和资源化利用。省政府于2016年发布了《湖南省人民政府办公厅关于加快转型升级推进现代畜牧业发展的意见》，针对畜牧业的发展提出了一系列的建议。2021年为了优化畜牧业发展布局，加快推进畜牧业转型升级，全面提升畜禽产品供应安全保障能力，结合湖南省实际，提出了《湖南省人民政府办公厅关于促进畜牧业高质量发展的实施意见》，文件中指出特色家禽产业重点发展湘中湘南特色黄鸡、湘北湘中优质肉鸡、湘北湘南优质蛋鸡、湘西雪峰乌骨鸡优势家禽产业带。

除此之外还有省政府成立的一些针对蛋鸡与肉鸡的扶持项目，比如青（绿）壳蛋鸡“合作社+农户”产业扶贫项目。扶持蛋鸡与肉鸡养殖基地的建立与发展，比如在2018年5月18日投产的石门县精准扶贫养殖基地，是湖南省目前最大的精准扶贫家禽养殖基地。还有冷水江市于2016年推出的肉鸡养殖保险为肉鸡的养殖提供了保障。2020年财政所在岳阳县公田镇实行的三大举措，加大对贫困户家禽散养的帮扶力度，在全镇贫困户中分发鸡苗，通过与养鸡合作社达成帮扶协议，由合作社上门提供养殖技术支持，并且负责家禽的收购。

肉鸡养殖受市场行情波动影响较大，因此，各地补贴差异也比较大。但是，所有的补贴，必须要达到一定的养殖量，并且经过有关部门审核后才能发放补贴。在湖南省养殖补贴文件（湖南省养殖业补贴政策2021）中明确指出：一般情况下，很多地方对蛋鸡的养殖规模达到10 000羽以上，肉鸡年出栏量达到10万羽以上，就可以获得相应的补贴。

养殖规模在10 000~19 999羽的，按照8万元/户进行补贴；

养殖规模在20 000~29 999羽的，按照10万元/户进行补贴；

养殖规模在30 000~39 999羽的，按照12万元/户进行补贴；

养殖规模在40 000~49 999羽的，按照15万元/户进行补贴；

养殖规模在50 000羽以上，1年出栏量在100 000羽以上的，按照35万元/户进行补贴。

在《湖南省规模养殖场户强制免疫“先打后补”工作方案（2022—2025年）》通知中：大型规模养殖场标准：蛋（种）禽存笼50 000羽；中小规模养殖场户标准：蛋（种）禽存笼15 000~50 000羽；2022年以禽0.1元/羽的标准发放免疫补助经费。

三、政策带来的影响

（一）扶贫基地建设

为了响应《中共中央 国务院关于坚持农业农村优先发展做好“三农”工作的若干意见》，中国科学院亚热带农业生态研究所针对贫困地区自身条件限制、畜禽养殖水平落后和科技基础薄弱等问题，通过科技创新发展畜禽特色养殖，引进高新技术企业，对推动贫困地区畜禽产业发展、繁荣产区经济、带动产区农民脱贫致富具有重要的现实意义。在湖南省邵阳市保和村建起了第一个保和鸡养殖基地。现在，保和鸡养殖产业正逐渐进入标准化、规模化的发展轨道，也使扶贫工作队开展的“企业+基地（合作社）+能人+贫困户”扶贫模式发挥出了更大的成效。不仅使养殖户创收、贫困户脱贫装上了加速器，还培养了一批养鸡能手。同时，帮助全村建立“保和鸡”养殖基地，帮助村贫困户年收入增加。

在湖南省岳阳县的公田镇，财政所为用好用活扶贫资金，助力扶贫产业发展，加大对贫困户家禽散养的帮扶力度，在全镇贫困户中发放鸡苗8 000余只，与养鸡合作社达成帮扶协议，只需要贫困户养殖，并且在养殖过程中会提供技术支持，手把手教村民如何养殖，鸡苗与后续家禽的收购都由合作社负责，这一举措每年可为贫困户增加收入3 000余元，促进了扶贫产业的发展。

此外，在湖南石门县打造的最大家禽扶贫基地于2018年5月18日正式投产，基地总投资2 000万元，总占地面积约6.67公顷，总建筑面积4 100平方米，拥有养殖鸡舍16栋，在石门县的产业扶贫中，有两种产业扶贫方式，分别为“公司+贫困村养殖基地”“公司+散养户石门土鸡”，帮助扶贫村建设标准化养殖基地，吸纳在册贫困人口入股分红，使得多家贫困户快速脱贫。

（二）保障疫情期间正常销售

2020年新冠疫情刚开始的时候，农业农村部2月19日在全国信息联播栏目发布了《新型冠状病毒感染的肺炎疫情对家禽养殖业的影响和建议》，其中指出恢复家禽屠宰场能力，促进冷冻贮藏、冰鲜上市；多措并举解决饲料问题，积极协调交通部门和地方政府，采取适当方式为肉鸡养殖户饲料调运开辟绿色通道；并且协助扩大外销。面对疫情，全国管控，产蛋鸡最高峰产能堆积，对鸡蛋与肉鸡的流通、价格产生很大影响。对此，国家也及时地制定了相应政策，保障流通路径畅通，比如湖北省就发布对鲜鸡蛋实施收储补贴政策的通知，做好鲜鸡蛋临时收储工作，对鲜鸡蛋实施收储补贴政策，缓解鸡蛋积压滞销局面，保障疫情防控期间农产品稳产保供，维护家禽业稳定发展。同时，在湖南省养殖补贴文件中也明确了关于蛋鸡的补贴。

（三）促进产业高质量发展

2021年7月，湖南省政府出台《关于促进畜牧业高质量发展的实施意见》，各有关部门将采取十二条措施，加快畜牧业转型升级，提升畜禽产品供应安全保障能力。文件提出，到2025年，全省特色畜禽全产业链产值达到1 000亿元，重点发展湘中湘南特色黄鸡、湘北湘中优质肉鸡、湘北湘南优质蛋鸡、湘西雪峰乌骨鸡等6个优势家禽产业带。这对于禽类养殖户来说是一个非常好的发展机会。例如，位于衡山县长江镇石子村的兴农牧业衡山黄鸡示范基地内，自动喂料机均匀地把饲料和水送到水线和料线；自动供暖设备、自动温控设备根据探头感应温度、氨气浓度，自动启动或关闭通风窗和风机，保持最佳空气质量；自动控制设备根据鸡的数量、日龄自动调节光照强度、光照时间；粪污采集系统将鸡粪输送至粪污处理池，做到及时清理、减少鸡舍异味。规模化、标准化、全链化的背后，是抢抓机遇，突出“增效”“增绿”“增防”，推动畜牧业高质量发展的生动实践。

专　论

畜禽种业发展

畜禽种业是畜禽产业的芯片，是畜禽产业高质量发展的核心和关键。湖南畜禽种业先后经历了地方品种资源为主、进口高产品种主导、进口品种国产化与自主育种相结合的发展阶段，畜禽遗传资源保护与利用、畜禽遗传改良、种畜禽场及供种、畜禽品种管理、现代畜禽种业治理能力显著增强。同时，湖南省畜禽种业发展还存在育种基础工作相对薄弱、育种新技术应用总体不足、核心育种场的疫病净化还不到位、财税政策支持畜禽种业发展有待加强等短板和问题。湖南省畜禽种业高质量发展需完善畜禽遗传资源保护与利用、推进畜禽种业自主创新、健全畜禽种业防疫体系与废弃物资源化利用、加大畜禽种业财税支持力度、强化数字经济赋能畜禽种业发展等。

第六章 畜禽种业发展形势

第一节 畜禽种业发展概况

一、畜禽种质资源保护能力显著提升，夯实了种业发展基础

湖南省是畜禽种质资源保护做得较好的省份之一，2020—2022年以原产地保护和异地保护相结合、活体保护和遗传材料保存互为补充的地方畜禽遗传资源保护体系逐步完善，现有国家级畜禽遗传资源场（区、库）5个，省农业种质资源保护单位66家（农作物类27家、畜禽类36家、农业微生物类3家），资源保存总量再创新高。湖南省家畜基因库以精液、胚胎、细胞等种质资源体外保存的种质形式，在第一批国家畜禽遗传资源保种场名单中有9家建设单位入选。湖南省畜牧兽医研究所建有省级种公猪性能测定站、国家级种公牛站、省级奶牛原种场，坚持开展常规基础性育种工作，不断提高本品种生产性能，在全国率先发明了猪笔式测膘尺，对猪群进行活体背膘厚测定和

瘦肉率估测，能够有效降低育种成本。同时，种公猪性能测定站配备了全自动饲喂系统和生产性能测定设备，指导8家企业成功创建了国家核心育种场，通过科学遗传评估为社会提供优良种猪，加速遗传进展。湖南省地方畜禽遗传资源保护工作成效显著，先后支持8个品种进入国家保护名录，建成国家级保种场9个、保护区2个、基因库1个，建成省级保种场14个。

二、畜禽良种繁育体系较为完善，优良种源供给能力持续提升

湖南省打造纯种选育、良种扩繁及商品化生产梯次推进的良种繁育体系，主要畜种核心种源自给率达到了75%以上，总体上猪、牛、羊等畜禽核心种源立足国内有保障。在保数量的同时，加强种畜禽质量安全监管，切实规范种畜禽市场秩序、维护养殖场（户）权益。据多年监测，猪常温精液合格率达93%，国产牛冷冻精液合格率达99%，猪、肉鸡品种父母代生产性能符合要求，质量水平较高。

第二节　畜禽遗传资源保护与利用

一、资源普查情况

湖南省深入贯彻党中央、国务院重大决策部署，将畜禽遗传资源普查作为全省各级农业农村部门的中心工作来抓，切实提高政治站位，强化物质保障，顺利完成第三次畜禽遗传资源面上普查工作，全

面摸清畜禽遗传资源家底，新发掘并初步鉴定了一批畜禽新资源，已有畜禽地方品种应保尽保纳入省级保种范畴。湖南省普查办通过统筹协调、多措并举开展普查数据审核与质量控制工作，建立“两个机制”：即“省普查办+专家组+市县普查工作组”数据审核机制和“审查—反馈—整改—再审查”循环纠错机制，省普查办每周汇总全省数据，一张表挂图点评，专家组会商审核分析并逐级反馈，市县两级根据反馈问题切实整改。湖南省畜牧水产事务中心牵头成立办公室和技术专家组，分设猪（地方品种、培育品种及配套系，引入品种及配套系）、草食动物（牛、羊）、家禽（鸡、鸭、鹅、鹌鹑）、蜂、蚕等5个小组，有序推进畜禽遗传资源普查。

二、遗传材料保存情况

湖南省拥有丰富的畜禽遗传资源，是我国重要的畜禽种质资源库，畜禽遗传资源是育种创新的基础，也是畜牧业高质量发展的重要支撑。湖南省已经建立了一批畜禽种质资源保种场、保护区和基因库，对国家级和省级畜禽遗传资源保护名录中的159个地方品种进行有效保护；同时，也对一些新发现的畜禽遗传资源进行了鉴定和收集，将相关遗传材料保存在国家基因库中。湖南省自2021年始启动了畜禽遗传资源普查，2022年实施农业种质资源的全面普查和全面保护的重点调查，助力发布农作物、畜禽、水产、农业微生物资源状况4份报告，抢救性地收集一批珍贵、稀有、濒危资源和鉴定一批特色优质高效的新资源，构建统一的农业种质资源数据库。

第三节　畜禽遗传改良进展

一、遴选一批高水平核心育种场、种公畜站

湖南省核心育种群体系通过畜禽遗传改良计划的实施，经过多次遴选以及部分淘汰，至2022年底全国畜禽种业统计系统收录湖南省种畜禽企业共341家，选入监测为320家（其中重点种畜禽企业44家），生猪核心育种场271个，种公猪站56个，奶牛核心育种场1个，选育核心群规模达到7.19万头；肉牛核心育种场6个，种公牛站1个，能繁母猪2 866头；蛋鸡核心育种场7个，肉鸡核心育种场21个，纯系存栏量144 448套；肉羊核心育种场8个，现有纯种母羊4 850只，夯实了湖南省畜禽良种稳定供应的基础。

二、培育了一批性能优秀的新品种（配套系）

湖南省2020—2022年通过持续自主选育与遗传改良生猪核心群群体结构不断优化、培养，以地方遗传资源桃源黑猪、沙子岭猪和外来品种杜洛克猪、大白猪及巴克夏猪为育种素材，通过杂交、配套、多世代选育等方法，成功培育了湘村黑猪新品种和湘沙猪配套系列，新品种生产性能、产仔率、饲料比等关键经济性状指标有效提升，遗传进展明显，极大满足了优质猪肉产品多元化的消费需求，广益黑猪和湘中黑牛新品种将向国家畜禽遗传资源委员会提请审定。湖南地方畜禽产业化开发走在全国前列，与国际先进水平的差距进一步缩小，

表现在生长速度加快，杜洛克猪、长白猪和大白猪3个品种达100千克体重日龄平均下降了6.12天，背膘厚平均下降了0.23毫米；总产仔数提高，长白猪和大白猪总产仔数累计分别提高1.55头和2.26头，基本形成了持续改良、稳步提升的良性循环。

湖南省培养的肉牛品种为湘中黑牛，是以本地黄牛为母本，以纯种黑色安格斯公牛为父本的杂交改良牛，因皮毛全黑，故暂命名为“湘中黑牛”。湘中黑牛是湖南省著名商标、湖南省知名品牌、湖南省唯一的肉牛创新品种，具有个体高、体重大、生长快、肉质优、适应性强、效益高，适合开发高档牛肉六大优势。

蛋鸡种业供种能力和水平大幅提升，降低了引进品种的依赖，种源安全得到有效保障，培育肉鸡饲料转化率、产蛋等生产性能取得显著进展，使白血病基本得到有效控制。湖南鸡的品种有：湘黄鸡、黑土鸡、竹丝乌骨鸡、绿壳蛋鸡、黄脚、青脚麻鸡等。其中，湘黄鸡是湖南的优良地方鸡种，是从农家所养的地方小鸡种中经过多年的选育而成，以三黄（毛黄、嘴黄、脚黄）为主要标志，体形大小适中，结构匀称，因肉质鲜美细嫩、营养丰富、药用价值高而驰名，是湖南省出口的主要鸡种。

三、建立健全种畜禽登记和性能测定体系

按照《种畜禽管理条例》的规定，畜禽良种登记和生产性能测定由国务院畜牧行政主管部门和省、自治区、直辖市人民政府畜牧行政主管部门或者其委托的单位负责进行。生产经营种畜禽的单位和个人，必须向县级以上人民政府畜牧行政主管部门申领“种畜禽生产经营许可证”；工商行政管理机关凭此证依法办理登记注册。生产经营

畜禽冷冻精液、胚胎或者其他遗传材料的，由国务院畜牧行政主管部门或者省、自治区、直辖市人民政府畜牧行政主管部门核发“种畜禽生产经营许可证”。

湖南省2020—2022年种猪数据库累计存储222.37万头种猪有效登记记录、4.47万头种公猪的繁殖性能记录。加强种猪性能测定中心建设，在全省范围内建立了场内测定为主、测定中心为辅的种猪生产性能测定体系。至2022年湖南省累计登记奶牛6 334头，良种登记母牛500头，对肉牛以育种场为主的进行了买入卖出的价格严格监控，累计登记肉牛12 761头，合理控制畜种引入，超额完成计划任务。建立遗传改良数据平台，确定了蛋种鸡祖代、父母代、商品代生产性能指标收集，分析了核心品种生产性能，监测数量达59.16万头以上。肉羊核心育种场每年种羊性能测定数量达到2.23万只以上。场内和中心测定逐步规范，大大推进了畜禽遗传改良的进程。

第四节　种畜禽场及供种情况

根据农业农村部及行业统计数据显示，2022年畜禽养殖标准化示范场名单湖南12家企业入选，数量居全国第三。2022年湖南省受统计监测的种畜禽场共320家，比2021年增加32个；种畜站289个，比2021年增加30个。此外还有重点种畜禽企业46家，64家县市级畜禽种业管理机构。各类种畜禽场站具体情况如下：

一、种猪

湖南省是全国种猪场最多的省份之一，2022年湖南省有种猪场217家收录至监测系统，比2021年增加23个。现监测存栏种猪51.95万头，同比增长2.9%，其中能繁母猪存栏14.49万头，同比增长20.3%.年提供种猪1 740.6万头，同比增长9.1%。共有种公猪站56个，比2021年增加6个，存栏种公猪9.1万头，同比增长13.5%。生产精液3 161.6万份，同比下降16.0%，二元母猪养殖成本平均为13.8~15.2元/公斤。

湖南省近十年能繁母猪存栏量在2015年达到峰值，之后持续减少（见图6-1），2017年起存栏量低于400万头。2016年末至2018年末同比降幅分别为3.76%、14.24%、4.37%。受非洲猪瘟疫情影响，湖南省能繁母猪存栏量在2019年达到低谷，截至2019年末，能繁母猪存栏量比2018年减少了130.7万头，同比降低了34.51%。2020年止跌企稳后开始恢复增长，相较于2019年，能繁母猪存栏量增长了41.77%，至2022年末，已增长至369.6万头。

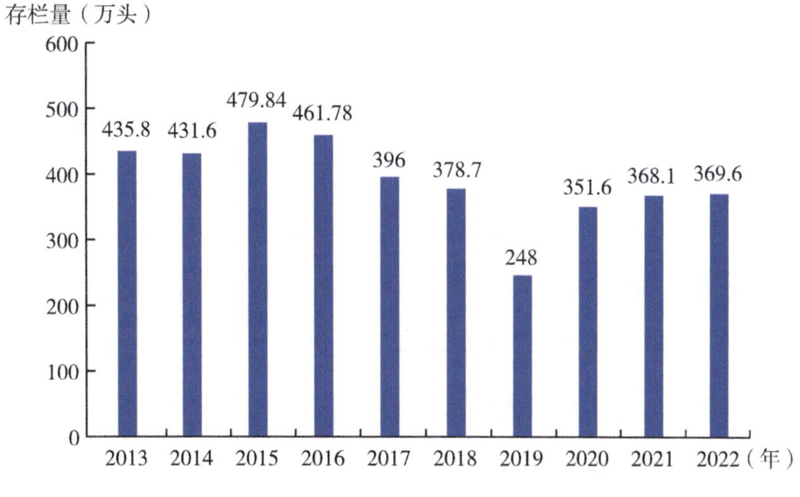

图6-1　2013—2022年湖南省能繁母猪存栏量

资料来源：湖南省统计局

二、种牛

湖南省以养殖荷斯坦奶牛、娟姗奶牛等为主，成年能繁母牛存栏数700只到1 500只左右不等并保持500只左右的良种登记数，每头成年母牛能年产9.5吨奶。2020年，湖南省共有种牛场7家，分别为种奶牛场2家，种肉牛场5家，其中保种场1家。共有存栏种牛5 219头，分别有种奶牛3 392头，种肉牛1 827头，其中保种场年末存栏411头；能繁母牛存栏3 314头，分别有奶牛能繁母牛2 083头，肉牛能繁母牛1 231头，其中保种场能繁母牛253头；当年出场种肉牛389头，生产胚胎968枚。2021年，湖南省共有种牛场8家，分别为种奶牛场2家，种肉牛场6家，其中保种场2家。共有存栏种牛6 869头，分别有种奶牛3 864头，种肉牛3 005头，其中保种场年末存栏1 686头；能繁母牛存栏4 206头，分别有奶牛能繁母牛2 203头，肉牛能繁母牛2 003头，其中保种场能繁母牛1 055头；当年出场种奶牛9头，种肉牛653头，生产胚胎1 788枚。2022年，湖南省共有种牛场9家，分别为种奶牛场2家，种肉牛场7家，其中保种场1家，种肉牛场相比2021年增加1家。共有存栏种牛7 774头，相较2021年同比增加13.18%，分别有种奶牛3 572头，种肉牛4 202头，其中保种场年末存栏1 400头；能繁母牛存栏4 768头，相较2021年同比增加13.36%，分别有奶牛能繁母牛2 302头，肉牛能繁母牛2 466头，其中保种场能繁母牛850头；当年出场种肉牛984头，生产胚胎957枚。能繁母牛出售量186只，种公牛存栏40只，国外引进公牛4只，冷冻精液产量646 950.6剂，冷冻精液出售量剂445 409.33剂。

三、种羊

2020年湖南省共有种羊场9家，存栏种羊9 838头，存栏能繁母羊6 244头，当年出场种羊8 948头，生产精液0.13万份。2021年湖南省共有种羊场11家，存栏种羊9 814头，存栏能繁母羊6 379头，当年出场种羊8 778头，生产胚胎200枚，生产精液0.12万份。2022年湖南省共有种羊场11家，与2021年持平，存栏种羊10 723头，相较2021年同比增加13.34%，存栏能繁母羊6 385头，与2021年基本持平，当年出场种羊7 444头，生产胚胎600枚。

四、种禽

湖南省截至2022年共有种禽场31个，比2021年增加2个。其中，蛋种鸡场7个（祖代及以上3个，父母代4个），存栏143.98万只（祖代及以上1.5万只），产蛋鸡存栏75.17万只，后备鸡存栏20.63万只，商品鸡苗出售量108万只；肉种鸡场21个（祖代及以上7个，父母代14个），存栏2 832.12万只，合格种蛋产量24 234.12万个，鸡苗出售总量8 108.52万只；肉种鸭场3个，存栏4.25万只。

第五节　畜禽品种管理

一、持续推进新品种、配套系的认定

湖南省2020—2022年加快自主育种步伐，开展了瘦肉型猪核心种源自主选育，提高生猪核心种源生产性能和自主供种能力，引入海

外优质资源的同时大力挖掘湖南本土特色种猪资源，发展“湘佳黑猪”这一本土品种。湖南省的家禽良种主要依靠自主登记及资源普查2种形式饲养《中国畜禽遗传资源目录》中牛、羊、猪、马、驴、骆驼、鹿、兔、犬等家畜的单位和个人，可以自愿申请优良种畜登记，任何机构不得强制，加快良种推广应用。

二、畜禽种业产业集群建设情况

湖南省突出生猪、特色畜禽、特色水产等“一主两特”发展，加快畜牧业转型升级，据省畜牧水产事务中心数据，已形成优质地方畜禽品种21个，仅生猪就有宁乡猪、湘西黑猪等五大品种，一些地方猪养殖已形成优势特色产业，其中宁乡猪等7个品种列入《国家级畜禽遗传资源保护名录》，从2022年起建设湘猪产业集群，支持地方猪种原产地发展“一县一特”，推进地方猪种产业化开发利用。目前，在长沙、湘潭、娄底、株洲4市州的8县区开展宁乡猪、沙子岭猪、大围子猪、湘村黑猪四个特色产业集群建设，计划3年时间项目区内地方猪种全产业链产值超100亿元，至“十四五”时期末建成畜牧业强省。

第六节　现代畜禽种业治理能力

一、法律法规制度体系更加健全

《畜牧法》修订后，湖南省相继出台了《家畜遗传材料生产许可办法》《畜禽遗传资源保种场保护区和基因库管理办法》等配套法规，修订了《种牛及冷冻精液和胚胎进口技术要求》《畜禽新品种配套系审定和畜禽遗传资源鉴定办法》《畜禽标识和养殖档案管理办法》等管理方法和技术要求，为湖南省种畜禽发展及其管理提供更有力的法律保障体系。

二、种业支持政策体系不断完善

力量主攻“卡脖子”技术关键点，在智能化测定、大数据处理、生物技术应用等方面已初见成效。现代种业提升工程建设项目继续在资源保护、育种创新、良种扩繁和品种测定等方面支持畜禽种业发展。首次发布水禽遗传改良计划，继续推进实施湖南省生猪、肉牛、肉鸡、蛋鸡等遗传改良计划。

湖南省各级计划和财政等部门要在农业发展基金、商品粮基地建设资金、粮食自给工程资金等安排上，把优质新品种引育、区试、审定、推广、示范和种子繁育、种子质量认证、种子管理体系建设所需经费纳入计划，给予扶持，支持国家“九五”种子工程和省“优质种苗工程”项目资金的配套。各级农业银行和农业发展银行要积极支持种子收购和种子工程贴息贷款项目建设。

湖南省在加强种业基础性研究、加快建设南繁硅谷等种业创新高地的同时，优先支持畜禽、饲草等紧缺品种技术攻关，破解“卡脖子”难题。要强化企业技术创新主体地位，鼓励企业建立创新联合体，建立健全商业化育种体系，支持资源、技术、人才、资本等要素向重点优势企业集聚，培育具有国际竞争力的龙头种企。要深化种业体制改革创新，完善科研评价、成果转化、人才培养、收益分配等机制，促进产学研结合、育繁推一体化。要开展种业支持政策实施效果的评估考核，完善科技、财税、金融、人才等政策，形成覆盖面更广、稳定性更强的政策支持体系。要坚持开放发展，鼓励种业企业高质量“引进来”和高水平“走出去”，实现合作共赢。要认真落实新修改的种子法，加快修订配套法律规章制度，加大知识产权保护力度，严厉打击假冒伪劣、套牌侵权等违法行为。

三、畜禽种业市场监管更加强化

根据《畜牧法》的相关规定，按照农业农村部办公厅关于印发《2022—2023年湖南省种业市场监管工作方案》（湘农办发〔2022〕10号）、农业农村厅办公室《关于开展2022年畜禽养殖标准化示范创建活动的通知》（湘农办函〔2022〕14号）、《畜禽养殖标准化示范创建活动工作方案（2018—2025年）》（农办牧〔2018〕27号）、《湖南省畜禽养殖标准化示范创建活动工作方案（2018—2025年）》（湘牧渔办牧〔2018〕54号）等文件要求，湖南省2022年度继续加强畜禽种业市场监管，强化种畜禽生产经营监督管理，检查重点集中在无证生产经营（含过期、超范围）、假冒优质种公畜精液、系谱档案不全等问题，并将种畜禽生产经营许可信息纳入“全国种畜禽生产经营许可管理系统”统一管理，开展春、秋种畜禽质量监督抽查，以提高种畜禽质量安全水平，促进湖南省畜禽种业持续高质量发展。

湖南省建立了畜禽良种标识管理制度，规范畜禽良种标识使用行为，旨在加强畜禽良种检测能力建设、提高畜禽良种检测水平和覆盖率、强化畜禽良种流通监管以及打击假冒伪劣和非法经营行为。2022

年湖南省畜禽产品共抽查畜禽产品监测3 360批次，合格率为99.2%，问题主要集中在养殖环节的禽蛋中，7个不合格鸡蛋样品检出产蛋期禁用药物恩诺沙星、环丙沙星、氟苯尼考、氟苯尼考胺超标。

四、科技创新机制不断完善

湖南省实施畜禽遗传改良计划和现代种业提升工程，支持建设畜禽种质资源保种场、保护区和基因库，鼓励核心育种企业、科研机构加强科研攻关和自主创新，培育具有自主知识产权的新品种、配套系和新品系，完善畜禽良种繁育体系，支持建设一批国家级畜禽核心育种场、性能测定站、良种扩繁推广基地、生猪战略种源基地。湖南省联合评估结果和基因组选择育种值，标志着湖南省生猪种业朝着联合育种、分子育种的方向迈出了关键一步。针对其他畜种，现已开展智能化性能测定和自动化饲喂装备的研究，提速生物育种步伐。主要包括推广重要性状遗传机制解析与种质创新，利用全基因组扫描、关联分析、高通量测序等技术进行重要经济性状的解析，普及人工智能测定技术、普及机器学习、计算机自觉、计算机断层扫描等人工智能技术在种畜禽测定中的应用，研发新一代基因组选择技术，研制准确性高、测序量大、成本更低的基因组选择技术。

处于建设中湖南省岳麓山实验室是打造具有核心竞争力的科技创新高地的“4+4科创工程”之一，以省政府名义印发实施《岳麓山实验室建设方案》，长沙总部集聚区建设全面启动畜禽良种联合攻关。计划从2022年始至2025年投入100亿元，集聚区建设40万~50万平方米以上的科研基础设施，建设五大功能研究部、九大公共创新平台、15个品种创制中心、6个成果转化中心和一批科研试验基地，到2030年集聚3 000人以上的高水平人才团队，打造国内顶尖、世界一流的生物育种科学研究、种源关键核心技术创新、重大战略品种培育、高水平种业创新人才聚集“四个高地”。面向动物、植物、微生物三大种业，开展战略性、前沿性、基础性研究，构建现代畜禽种业、标准化规模养殖、动物防疫、废弃物资源化利用、加工流通、质量安全“六个体系”。同时，湖南省实行开放的协同创新模式，人员的转移并不是简单物理空间的挪移，来自不同单位的畜禽种业相关科研人员将按项目制进行团队重组，针对具体问题展开新型协同攻关，让科研工作者发挥主观能动性，在既定的框架下自主进行科学研究，自主使用科研经费。

第七章 畜禽种业发展存在的问题与展望

湖南省畜禽种业发展还存在育种基础工作相对薄弱、育种新技术应用总体不足、核心育种场的疫病净化还不到位、财税政策支持畜禽种业发展有待加强等短板和问题。

第一节 畜禽种业发展存在的问题

一、畜禽育种基础工作相对薄弱

湖南省拥有丰富的地方畜禽遗传资源，如宁乡猪、湘西黄牛、湘东黑山羊、湘黄鸡、临武鸭等，具有独特的生态适应性、抗逆性和营养品质等优势，但种基础工作相对薄弱，未完全适应畜禽种业新形势、新要求。

一是畜禽育种主体分散，存在公共科研机构、高校、畜种企业、市场割裂的情况，缺乏有效的协作机制，种业发展环境不优，种质资源保护的忧患意识、创新意识、竞争意识有待强化，种畜禽体系中核心群、扩繁群、生产群信息整合尚未形成，产学研利益联结不紧密、品种选育持续性和效率较低，导致育种资源和技术重复利用率低，育种效率和效果不高。

二是畜禽遗传资源的保护利用方式传统，湖南省只有少数地方品种（系）建立了相应的保种场或保护区，如湘西黄牛、湘西黑山羊等，但这些保种场或保护区多为自然村或个人养殖户承担，缺乏专业化管理和技术指导，难以有效防止地方品种（系）的杂交污染和退化。

三是育种人才培养和流动机制不畅，如高层次创新型人才数量不足、老中青结合不够合理、专业结构不够均衡、培养机制不够灵活，且育种成果保护和利益分配机制不明确，影响了育种人才的积极性和创造性。

二、畜禽育种新技术应用总体不足

湖南省在生物育种、分子育种、诱变育种等方面的研究水平和成果转化能力还较为欠缺，对畜禽育种关键技术研发和应用不足。

一是畜禽种业科技创新支撑不足，缺乏高水平的科研队伍和先进的科研设备，同时全省种业创新科技平台片区建设分散，与国内外知名科研机构和企业的合作交流不够深入，对市场需求和消费趋势的敏锐把握较为欠缺，在禽育种畜禽遗传资源调查、评价、保存、利用等方面还存在一些技术难题和瓶颈，如地方品种的遗传多样性分析、功能基因的挖掘与利用、新品种的选育与评价等。

二是基因组选择、表型组精准测定等关键技术研发和应用不足，基因组选择参考群体规模小、准确率不高，仍处于起步阶段，且尚未建立起具有精准表型的大规模参考群体，性能测定技术手段也相对落后，高通量智能化性能测定设备的自主研发能力不足，高效繁殖技术尚未全面推广利用，优秀种源的遗传潜能难以充分发挥，导致育种周期较长，遗传进展缓慢。

三是畜种企业“专精特新”不够，不能完全承担起新品种自主研发任务，现阶段湖南省育种技术普遍运用来引进畜种的本土化培养优质性状选育、外来引进畜种与本地优质畜种资源杂交等方式，部分核心种源对外依存度高，例如湘中黑牛就是湖南肉牛品种改良中培育的一个独具地方特色的品牌，是以本地黄牛为母本，以纯种黑色安格斯公牛为父本的杂交改良牛品种，但这些方式普遍投入大、育种周期较长、育种结果稳定性差，未能适应湖南省农业产业发展需要。

三、畜禽核心育种场的疫病净化还不到位

湖南省畜禽核心育种场疫病甚至毁灭性重大传染病仍时有发生，导致育种工作受阻甚至中断，严重影响了育种工作的持续性和有效性。

一是畜禽核心育种场疫病净化的意识不强，对动物疫病净化的重要性、必要性和可行性认识不足，缺乏主动参与的动力和积极性，部分核心育种场不愿意投入时间、精力和资金来开展动物疫病净化工作，也不愿意接受政府和专家的指导和监督，甚至存在隐瞒、漏报、谎报等不良行为，影响动物疫病净化工作的进展和效果。

二是畜禽核心育种场的净化评估管理制度还未健全，动物防疫管理制度和责任机制还有待完善，导致在核心育种场疫病净化方面存在一些违规违法行为，如部分畜禽核心育种场没有按照动物防疫技术标

准和规范进行免疫、监测、检疫、隔离、消毒、淘汰、扑杀、无害化处理等综合技术措施，发生了猪瘟、口蹄疫、伪狂犬病等重大动物疫病。

三是畜禽核心育种场的净化技术水平有待提升，部分畜禽核心育种场缺乏专业的动物防疫检测人员和设备，无法及时、准确地进行动物疫病诊断和监测，对动物疫病净化的关键技术如基因检测、免疫诊断、免疫净化等掌握不足，导致部分畜禽核心育种场净化效果不理想。

四、财税政策支持畜禽种业发展有待加强

畜禽种业发展涉及基因改良、品种选育、良种繁育等多个环节，需要大量的资金投入和长期的科研攻关，而市场需求和价格又受到多方面因素的影响，如动物疫病、消费者偏好、国际贸易等，致使畜禽种业的投资回报周期长达数年甚至十几年，风险较高，回报率较低，需要政府相关财税政策的引导和支持。

一是畜禽种业发展各项财税资金使用效率不高，影响畜禽种业的发展速度和质量，降低政策的公平性和透明度，加上财税政策的激励作用还不够明显以及财税政策的监督和评估工作不够严格，育种企业对相关政策的执行情况和效果没有及时反馈导致投入积极性不高以及资金使用效果不明或存在浪费滥用，影响畜禽种业的创新能力和竞争力和可持续性，增加政策的风险和成本。

二是缺乏有效的抵押物和担保机制以及统一的标准化规范和信用评价体系，导致社会资本和金融机构对湖南省畜禽种业发展投入较

少。畜禽种业本身市场竞争激烈，金融机构对其信用风险认知较高，不愿意或不敢放贷，即使放贷也会提高利率和门槛，这使得湖南省畜禽种业融资渠道不畅通，融资成本较高，融资需求与供给不匹配、融资服务不足。

三是湖南省畜禽种业主要由大型龙头企业、中小规模养殖场（户）和科研机构等多元主体构成，各类主体的融资需求和能力各不相同，财税政策对畜禽种业的融资供给却缺乏针对性和差异化，难以全面满足畜禽种业主体的融资需求。

第二节　畜禽种业发展展望

湖南省畜禽种业高质量发展需完善畜禽遗传资源保护与利用、推进畜禽种业自主创新、健全畜禽种业防疫体系与废弃物资源化利用、加大畜禽种业财税支持力度、强化数字经济赋能畜禽种业发展等。

一、完善畜禽遗传资源保护与利用体系

新时期，湖南省应坚持保护优先、高效利用、政府主导、多元参与的原则，统筹布局资源库（场、区），加快资源普查收集保护、推动资源登记交流共享、创新开发利用机制，科学编制畜禽遗传资源保护与利用中长期计划，构建多层次立体保护、多方式鉴定评价、多元化开发利用和多渠道政策支持的畜禽遗传资源保护利用新格局。

一是加强畜禽遗传资源普查与收集，按照“全省统一领导、地方分级负责、各方共同参与”的原则，开展畜禽种质资源普查，摸清全省畜禽种质资源种类、数量、分布、主要性状等家底，珍贵、稀有、

濒危、特有资源得到有效收集和保护，挖掘一批优异新资源。

二是完善畜禽遗传资源保护名录和利用目录，规范畜禽遗传资源的收集、保存、交换、利用等活动，加强知识产权保护，防止资源流失和侵权，建立健全畜禽遗传资源保护与利用的技术体系，加强畜禽遗传资源的鉴定评价、分类编目、信息管理等工作，提高资源保存效率和利用效果，建立健全畜禽遗传资源保护与利用的协调体系，加强部门间、地区间、机构间的沟通协作，形成保护与利用的合力。

三是加快提升种畜禽资源利用效率，统筹国内、国际两个大局，坚持“以我为主、自主创新、引育结合”，围绕发挥保护利用畜禽遗传资源，聚焦保、育、测、繁、推等关键环节深入实施畜禽遗传改良计划，打出一套畜禽种业振兴“组合拳”，打造具有自主知识产权的畜禽良种“芯片”。

二、推进畜禽种业自主创新体系

畜禽种业的根本出路在于创新。深入实施畜禽遗传改良和资源保护的同时需强化自主研发育种，拓展育种新技术的运用推广并优化资源配置等举措完善一体化现代化商业化的畜禽种业自主创新体系。

一是强化自主研发育种，提升主要畜种核心种源自给率、培育自主品牌，深入实施主要畜禽品种遗传改良计划，建立健全生产性能测定、遗传评估、分子育种技术研发应用、评价示范和大数据信息共享平台，系统开展新品种培育和引进品种的本土化选育。

二是拓展育种新技术的运用推广，利用探索性数据分析、核密度估计方法、传统马尔科夫链和空间马尔科夫链对畜种资源进行深入的空间相关性和时空演化测量，探索建设基因化、分子化育种模式。

三是优化资源配置开展畜禽良种研发联合攻关，发挥湖南农业大学、湖南农科院等平台优势，鼓励畜种企业与科研机构人才、信息等资源要素流动，深入挖掘湖南省种畜禽资源优势，推进重点畜种本土化选育，例如唐人神、新五丰、鑫广安、佳和农牧、天心种业五家单位已组建湘猪科技育种联盟联合进行生猪资源挖掘，以市场需求为导向，加大政策扶持，支持优势企业做大做强、做专做精、差异化发展，打造畜禽种业的“航空母舰”，鼓励形成一大批潇湘特色的种畜禽品牌。

三、健全畜禽种业防疫与废弃物资源化利用体系

健全畜禽种业防疫体系与提升废弃物资源化利用率是促进畜禽种业稳健发展是关键环节。

一是加大对种畜禽防疫保障和废弃物资源化利用的宣传教育力度，提高种畜禽企业的防范意识和参与程度，鼓励畜禽养殖大县优化乡镇农业综合服务机构设置和职能配置，配备必要畜禽种业疫病防治和废弃资源利用的指导专家，指导企业定期给种畜禽进行防疫注射，使其机体产生特异性的抗病能力。

二是压实属地管理责任，将畜禽种业疫病防控工作纳入乡村振兴和基层治理一体谋划，切实加强基层种畜禽疫病防控工作力量，确保不出现“线断、网破、人散”现象，将种畜禽疫病防控职责纳入乡镇属地事项责任清单，把监管职责全面落实到各承担单位，落实监测排查、入场抽检、清洗消毒、调运监管、疫情处置等常态化防控措施协

调配合，提高整体效能。

三是加强对种畜禽防疫工作和废弃物资源化利用的科技支撑，坚持源头减量、过程控制、末端利用的治理路径推进创新和成果转化，提高种畜禽防疫工作和废弃物资源化利用的科学性和有效性。

四、加大畜禽种业财税支持力度

加大畜禽种业财税支持力度，是助力种畜禽企业高质量发展稳健发展的发动机。

一是探索设立生产性能测定财政专项，综合采用前资助、后补助、以奖代补等方式，对持续开展育种创新选育出市场占有率高、生产性能优异的品种（配套系）或大幅提升本品种生产性能的企业和科研技术推广单位予以奖励并推动设立畜禽育种创新重大科研专项，重点支持畜禽种业基础研究、种质资源保护与鉴定评价、重大良种攻关、突破性新品种和优良大品种推广、种业创新平台实验室改造以及检测仪器设备购置、制种基地和良种繁育基地设施维护与更新等，鼓励开展全基因组选择育种技术、地方品种资源挖掘等方面的研究。

二是拓宽育种研发融资渠道和模式，发挥金融机构的主渠道作用，加大对畜禽种业发展的信贷投放和优惠力度，充分考虑不同类型、规模、地区的畜禽种业主体的融资需求创新信贷产品和服务，提高金融服务的可得性和覆盖面，积极引入社会资本，发展多元化的融资方式，如股权投资、债券发行、众筹平台、保险机制等，降低融资成本和风险。

三是需完善畜禽种业政策性保险，目前湖南省仅有生猪、奶牛、牦牛等畜种已纳入政策性保险，建议进一步完善高禽种业政策性保险，将祖代家禽、羊等纳入政策性保险，提高抵御灾害和疫病的能力，同时扩大高禽种业政策性保险的覆盖范围和补贴标准，提高保险赔付比例和速度，鼓励保险机构开发适合高禽种业特点的保险产品和服务。

五、强化数字经济赋能畜禽种业发展

随着工业化、城镇化和现代化进程的加快，强化数字经济赋能是促进畜禽种业高质量发展的新动能。

一是统筹畜禽种业监测数据库建设，利用大智移云物区，现代信息技术推进种业数据库建设，收集和分析畜禽品种的特性、生长性能、遗传参数、育种方案等数据，为畜禽品种的改良和选育提供科学依据和技术支持，提高畜禽品种的质量和适应性，促进湖南省畜禽种业的资源优势向经济优势转变，加快建设畜禽遗传保护资源库和生猪等常见畜种基因库，加快培育新畜种的品种登记和生产性能测定，夯实种业发展基础。

二是加快构建政府主导、行业管理部门和企业协会协同参与的畜禽种业大数据平台和数据可视化平台，推动跨数据库的融合，深入挖掘畜种数据资源，每次月度和季度填报完成后及时核验录入，并在大数据平台上公示行业情况和月度季度报告，使单向的数据填报转变成多向的数据共享，收集和分析畜禽产品质量、市场需求、消费者偏好等数据，为种畜禽产品质量和市场需求的匹配提供智能优化、智能评估、智能营销等服务，提高种畜禽产品质量和市场需求的匹配度和满意度。

三是整合行业管理部门和企业协会等各方数据资源，数据资源应包括品种保护、品种审定、品种登记、引种备案、种畜禽生产经营企业许可备案、高禽种业统计、市场信息等内容，实现跨数据库融合，并利用大数据技术深度挖掘信息资源，推动种业数据共享与服务，实现数据价值最大化，为畜禽种业平稳健康发展提供有力支撑。

参考文献

［1］叶素丰，张一君.湖南加快构建现代畜牧业高质量发展新格局［J］. 湖南畜牧兽医，2021（02）：50.

［2］刘玉杰，李向林，何峰.基于饲养标准的家畜单位折算方法［J］. 草地学报，2009，17（04）：500–504.

［3］王明利.改革开放四十年我国畜牧业发展：成就、经验及未来趋势［J］. 农业经济问题，2018，（08）：60–70.

［4］刘小红，陈瑶生.2021年生猪产业发展状况、未来发展趋势与建议［J］. 中国畜牧杂志，2022，58（03）：204–209.

［5］陈伟生，关龙，黄瑞林等.论我国畜牧业可持续发展［J］. 中国科学院院刊，2019，34（02）：135–144.

［6］张海峰，陈南，辛翔飞等.我国畜牧业发展现状及未来发展趋势［J］. 中国猪业，2023，18（03）：13–17.

［7］庞霖.发展畜牧产业，助推乡村振兴［J］. 畜禽业，2022，33（12）：15–17.

［8］张文俊.乡村振兴背景下畜牧产业经济管理创新优化策略研究［J］. 农家参谋，2022（19）：103–105.

［9］熊学振，杨春，马晓萍.我国畜牧业发展现状与高质量发展策略选择［J］. 中国农业科技导报，2022，24（03）：1–10.

［10］杨盛斌.育肥牛规模养殖前景与探讨［J］. 畜牧兽医科技信

息，2013，(07)：66.

[11] 黄清虎. 现代畜牧业发展存在的问题及对策 [J]. 今日畜牧兽医，2021，37 (10)：70.

[12] 杨义风，王桂霞. 中国畜牧业政策演进逻辑与改革方向 [J]. 社会科学战线，2020 (03)：248-252.

[13] 任智慧，刘俊盈，赵运良. 基于乡村振兴目标导向的畜牧业发展模式探讨 [J]. 家畜生态学报，2019，40 (11)：83-85.

[14] 谭国辉. 湖北省来凤县畜牧业发展现状、问题及对策 [J]. 养殖与饲料，2022，21 (08)：136-138.

[15] 陈娅. 低碳经济下畜牧业发展问题与对策研究 [J]. 中国农业资源与区划，2016，37 (10)：157-160.

[16] 胡理明. 立足生态优势 打造精品牧业——山区发展生态精品畜牧业的探索 [J]. 黑龙江畜牧兽医，2015 (16)：27-28.

[17] 王俊能，许振成，杨剑. 我国畜牧业的规模发展模式研究——从环保的角度 [J]. 农业经济问题，2012，33 (08)：13-18.

[18] 文明，永海. 内蒙古畜牧业高质量发展现状、面临的挑战及对策研究 [J]. 内蒙古社会科学，2022，43 (02)：205-213.

[19] 刘琴. 畜牧业发展在推进乡村振兴战略中的作用与思路浅析 [J]. 山东畜牧兽医，2022，43 (04)：64-66.

[20] 扈鹏帅，温建成. 做好县级畜牧兽医行业备案工作的措施 [J]. 中国畜牧业，2023 (17)：30-31.

[21] 吴晶，欧阳依娜，胡骑等. 云南省肉羊产业竞争力初步分析 [J]. 中国草食动物科学，2023，43 (05)：54-57.

[22] 刘玉凤，钟镇涛. 浅谈肉羊养殖中存在的问题及对策 [J].

新疆畜牧业，2023，39（04）：30–33.

［23］胡俊杰.乡镇畜牧品种改良工作存在的问题及解决措施［J］.今日畜牧兽医，2022，38（08）：49–50.

［24］陶嵘，李佳，刘计双.畜牧养殖技术推广工作中存在的问题及对策分析［J］.北方牧业，2023（16）：8.

［25］司红彬，沈水宝，林波等.畜牧业产业链转型升级“五有”领军型人才培养模式思考［J］.中兽医医药杂志，2023，42（01）：93–96.

［26］董海霞.影响洛川县肉羊养殖业发展的因素及对策分析［J］.北方牧业，2023（12）：15–16.

［27］刘焕文，张洪军，张新竹等.肉羊全产业链高质量发展的思考及建议［J］.北方牧业，2023（18）：9–10.

［28］张俊兰，邢桂玲.肉羊生产中存在的问题及对策［J］.北方牧业，2023（11）：28.

［29］甘立菊.基于畜牧领域构建下的生态经济可持续发展研究［J］.中国畜牧业，2023（08）：74–75.

［30］郑爽玉，潘丽莎，李军.近十年来我国肉羊产业发展特征与未来挑战［J］.中国畜牧杂志，1–11.

［31］李军，金海.2022年我国肉羊产业发展概况、未来趋势及建议［J］.中国畜牧杂志，2023，59（03）：294–299.

［32］孙焕洲，范晓雪，郭锦墉.基于DEA–Tobit模型的南方10省肉羊产业效率及影响因素分析［J］.中国畜牧杂志，2023，59（04）：312–317.

［33］张永强，常金鑫.我国散养肉羊养殖成本效率和养殖效益的

影响因素研究——基于5个样本省份（自治区）的面板数据［J］. 黑龙江畜牧兽医，2022，（12）：1-6+11.

［34］李慧琴，窦学诚. 肉羊产业比较优势分析［J］. 热带农业工程，2022，46（01）：44-50.

［35］李改兰. 肉羊养殖业现状、存在的问题及发展建议［J］. 中国畜禽种业，2022，18（02）：26-27.

［36］农业农村部畜牧兽医局.2021年肉羊产业发展形势及2022年展望［J］. 中国畜牧业，2022，（04）：36-38.

［37］甘春艳，李军，金海. 2021年我国肉羊产业发展概况、未来发展趋势及建议［J］. 中国畜牧杂志，2022，58（03）：258-263.

［38］潘丽莎，李军. 我国肉羊产业"十三五"时期发展回顾及"十四五"趋势展望［J］. 中国畜牧杂志，2022，58（01）：262-267.

［39］苗春瑞，郭艳琴，陈智勇等. 我国肉羊的生产现状及对策［J］. 吉林畜牧兽医，2023，44（09）：103-104.

［40］樊凤娇，李军燕，阿荣等.2022年农业农村部政策解读和对肉牛、肉羊养殖的一点启发［J］. 中国动物保健，2022，24（11）：75-76.

［41］向玲. 中国生猪价格波动特征及影响因素研究［D］. 西华大学，2023.

［42］王耀，张艺，艾云辉. 我国生猪价格波动影响因素研究——基于均衡价格理论［J］. 价格月刊，2018（04）：62-65.

［43］廖朴，贺晔平，何溯源等. 生猪价格指数保险能否抑制"猪周期"？［J］. 管理评论，2022，34（03）：31-40.

［44］陶桂任，梁世夫. 中国畜牧产业集聚时空特征及影响因素

[J]. 中国农业资源与区划，2023，44（05）：1-11.

［45］张利庠，栾梦娜，刘秋池.中国肉鸡价格预测预警研究［J］. 农林经济管理学报，2023，22（01）：94-102.DOI：10.16195/j.cnki.cn36-1328/f.2023.01.11.

［46］宦梅丽，王昭."双碳"目标背景下的畜牧业高质量发展：模式、启示及建议——以正大蛋鸡养殖为例［J］. 湖南农业大学学报（社会科学版），2022，23（05）：41-47.DOI：10.13331/j.cnki.jhau（ss）.2022.05.005.

［47］王以中，辛翔飞，林青宁等.我国畜禽种业发展形势及对策［J］. 农业经济问题，2022（07）：52-63.DOI：10.13246/j.cnki.iae.2022.07.003.

［48］吕恒欣.新形势下家禽屠宰行业发展及监管措施研究［J］. 中国动物保健，2022，24（06）：131-132.

［49］蒙焕松，毛木亮，龙映均等.黔南州家禽产品质量安全监测及防控措施［J］. 农技服务，2022，39（04）：105-107.

［50］刘珊珊，王彬，王浩然等.打造我国畜牧、动物医学核心期刊数字化品牌［J］. 编辑学报，2022，34（01）：84-87.DOI：10.16811/j.cnki.1001-4314.2022.01.018.

［51］马晓萍，王明利.基于产业发展视角的中国蛋鸡产业竞争力及国际比较［J］. 农业经济与管理，2021（06）：94-106.

［52］董仁杰，白羽肉鸡绿色养殖技术集成研究与示范. 山东省，中国农业大学烟台研究院，2021-06-23.

［53］王贝贝，肖海峰.中国畜牧业产业结构和竞争力的区域分析——基于偏离—份额分析空间模型［J］. 中国农业资源与区划，

2021，42（05）：142-148.

［54］王茂森，薄玉琨，李林等. 畜牧业产业化经营基本理论与创新发展［M］. 宁夏人民出版社：2020，09.329.

［55］田文勇，石国望.我国鸡饲料市场价格波动分析［J］. 中国农业资源与区划，2020，41（02）：91-100.

［56］欧阳儒彬，辛翔飞，崔姹等.不同价格背景下肉鸡产业链主体利益优化研究［J］. 中国农业资源与区划，2019，40（08）：20-28.

［57］朱一鸣，马骥，李莎莎等.蛋鸡养殖户专业化育成鸡选择行为分析［J］. 农业技术经济，2019（05）：99-109.DOI：10.13246/j.cnki.jae.20190509.002.

［58］刘春，辛翔飞，王济民.我国肉鸡产业链价格传导机制研究［J］. 价格理论与实践，2018（06）：82-85.DOI：10.19851/j.cnki.cn11-1010/f.2018.06.021.